U0962300

各美其美
美人之美
美美与共
天下大同

费孝通

嵩山

SONGSHAN

2019春

嵩山论坛　主办
《嵩山》编委会　编

中原出版传媒集团
中原传媒股份公司
大象出版社
·郑州·

图书在版编目（CIP）数据

嵩山 . 2019. 春 /《嵩山》编委会编 . — 郑州：大象出版社，2019. 9

ISBN 978-7-5711-0321-7

Ⅰ . ①嵩… Ⅱ . ①嵩 … Ⅲ . ①中华文化—文集 Ⅳ . ① K203-53

中国版本图书馆 CIP 数据核字（2019）第 190894 号

《嵩山》编委会

名誉主编 杜维明

主　　编 张广智

副 主 编 张冠生

编　　委 许红海　郭　旃　王　耀　王旭升

杨丽萍　赵保佑　王守国　董　林

王　哲　张俊峰　王学珺　齐岸青

王鸿勋　王刘纯　薛正强　陈虹杉

嵩山

2019 春

出 版 人 王刘纯

责任编辑 李建平

责任校对 张迎娟　毛　路

封面设计 曹诗萌

封面摄影 郑泰森

出版发行 大象出版社（郑州市郑东新区祥盛街 27 号　邮政编码 450016）

发行科　0371-63863551

总编室　0371-65597936

网　　址 www. daxiang. cn

印　　刷 郑州新海岸电脑彩色制印有限公司

经　　销 全国新华书店

开　　本 890 mm × 1240 mm　1/16

印　　张 6.75

字　　数 161 千字

版　　次 2019 年 9 月第 1 版　2019 年 9 月第 1 次印刷

定　　价 50.00 元

若发现印、装质量问题，影响阅读，请与承印厂联系调换。

印厂地址　郑州市鼎尚街 15 号

邮政编码　450002　　电话　0371-67358093

编者说明：因通信地址资料不足而致联系不便等原因，所选部分论文的摘要和关键词系编者依据论文代拟，其中若有不合作者本意处，还请不吝指教。我们愿承担责任并致歉忱。

目录

目录

DIRECTORY

DIRECTORY

Existing Together, Living Together, Sharing Together

多元共存　和谐共生　未来共享

张广智

（2018 年 9 月 15 日）

嵩山论坛自 2012 年创办以来，以文明对话为主线，为来自国内外的不同国家、不同民族、不同文化背景的专家、学者、政要和企业家们，提供了一个持续的文化交流、学术研讨、发表高见的平台。一路走来，嵩山论坛保持了自己的鲜明特色，产生了广泛而良好的影响。

一是论坛坚持华夏文明与世界文明对话这一主题。每届设置的不同议题，都与这一主题紧密契合，充分体现了华夏文明的开放性、包容性，也充分展示了全世界各种文明光彩夺目的篇章。对话增进理解，互鉴创造繁荣。论坛取得的成果也充分证明了不同文明之间开展对话交流的必要性和现实性。

二是论坛坚持民间学术团体主办的模式。不同文明、不同文化之间通过民间渠道进行交流，可以更自由、更畅达、更广泛、更深入。六年来，嵩山论坛始终坚持民间团体主办的模式，邀请不同文明的专家学者各抒己见，高度凝聚各种文明的智慧，共同解决全人类面临的问题。

三是论坛坚持打造高端文化交流平台。前六届嵩山论坛邀请了 192 位来自世界多元文明的著名专家学者，仅在论坛演讲的国际哲学院院士已达到 25 人次。经过大家的共同努力，嵩山论坛在世界哲学社会科学界中有了一定的知名度。

习近平主席提出的“构建人类命运共同体”这一思想具有丰富的意涵，持久和平是目标，共同繁荣是机制，开放包容是路径，清洁美丽是追求，这一目标的实现需要集中全人类的智慧去完成。本届年会以“多元共存・和谐共生・未来共享”为主题，紧贴构建人类命运共同体的鲜明导向，顺应时代潮流，符合各方关切。

“多元共存”是世界文明发展的基本特征。中华文明、希腊文明、罗马文明、埃及文明、两河文明、印度文明等多种文明共存，是世界文化发展的重要表现，人类世界因千差万别的多元文明共存而显得丰富多彩，多元文明使人类世界生机盎然，充满发展进步的蓬勃活力。

“和谐共生”是世界文明发展的重要动力。来自不同地区、国家和民族的文明姹紫嫣红，各有千秋。但一个共性特征是：因交流而进步，因互鉴而出彩。一种文明形态如果拒绝与其他文明形态交流、学习和互鉴，就必然走向衰亡。中华文明是华夏文明与其他文明多元共存、互鉴共融的伟大成果，是世界四大文明中唯一没有中断的文明形态。“和”生万物，和谐交流，互学互鉴是推动人类文明进步和发展的重要动力。

“未来共享”是世界文明发展的美好愿景。和平与发展仍是当今世界的时代主题，但是由于受经济全球化、社会信息化、世界多极化、文化多样化等潮流的影响，世界正处于大发展大变革大调整时期，人类发展面临着许多前所未有的困难和挑战。因此，文明对话就显得比任何时期都更重要。精研学理，畅所欲言，开展文明对话化解文明冲突，开展文明对话摈弃文化偏见，开展文明对话共筑美好未来，在对话中互学互鉴，在对话中合作共赢，在对话中共享未来。

Existing Together, Living Together, Sharing Together

■ ZHANG Guangzhi

Confucius said, "When friends come from afar, is it not a joy?" Since its inception in 2012, the Songshan Forum has engaged in dialogue among civilisations, giving a shared platform to academic experts, political and business leaders from China and around the world, and providing an opportunity for ongoing exchange and academic discussion. Over the last seven years, the Songshan Forum has retained its original identity and slowly expanded its influence.

First and foremost, Songshan remains a forum for dialogue between Chinese and other world civilisations. Though the exact theme of the event changes from year to year, the focus on dialogue among civilisations remains—an embodiment of the ideals of Chinese openness and magnanimity and a stage on which the whole world can shine. Dialogue promotes understanding; exchange boosts mutual prosperity. The cumulative fruits of the Songshan Forum are ample proof both of the urgency of this exchange and of the need to expand it.

With its commitment to exchange between academics and ordinary members of the public, the Songshan Forum allows for freer, broader and deeper discussions than more official settings. From the beginning, Songshan Forum has remained committed to this model, inviting experts and scholars from around the world to express their views, transmit the wisdom of foreign civilisations, and tackle the common problems facing humanity as a whole.

The Songshan Forum thus aims to remain a platform for high-end intercultural creativity. A total of 192 foreign scholars have spoken at Songshan Forum since 2012, including several dozen distinguished members of the International Federation of Philosophical Societies (IFPS). Through the joint efforts of organisers and guests, Songshan Forum is slowly establishing itself as a fixture on the global humanities calendar.

Chinese President Xi Jinping's call for "the construction of a community of common destiny" implies a series of complex challenges. To build lasting peace and mutual prosperity requires openness and magnanimity, aesthetic and moral dispositions which can only be cultivated by a concentration or condensation of the wisdom of humanity as a whole. The theme of this year's Songshan Forum "Dialogue among Civilisations and the Human Future" directly addresses these pressing concerns under the rubrics "Existing Together", "Living Together", and "Sharing Together".

The idea of "Existing Together" is a feature of human civilisational development as a whole. Chinese, Greek, Roman, Egyptian, Mesopotamian, Indian and other civilisations all became aware of each other's existence at a certain point, and enriched their own existences via contact with this manifold diversity.

"Living Together" is a more complex business. As regions, countries and ethnic groups rub up against each other more regularly, the maintenance of "harmony" becomes a challenge. The common feature of all successful cohabitations, however, is the faith in the power of genuine exchange to breed progress. A hostile attitude to exchange—a refusal to learn or to share—invariably leads to civilisational decline. Chinese civilisation, such as it is, is a product of such continued exchange, and the future of human civilisation as a whole depends on our joint ability to embody this spirit.

"Sharing Together" is hence our vision for the future of human civilisation. Peace and development may be our immediate goals, but economic globalisation, the social media revolution, polarisation of opinions and general cultural instability all mean that humanity is facing unprecedented challenges in this regard. Dialogue among civilisations thus emerges as more urgent than ever before. Doing our homework on others, expressing our own views as freely as we can, and generally seeking to overcome the "clash of civilisations" mood and cultural prejudices currently abroad in many corners of the world, we give ourselves the best chance to savour the fruits of dialogue, to profit mutually from our exchange, and to build a future which is truly shared.

The Reciprocal Relationship between Art and Dao: Calligraphy, Zen Meditation and Self-Cultivation

以道统艺，由艺臻道

——从书法、禅修说起

■ 楼宇烈

编者按：2019年8月18日，嵩山书局北京协作机构嫏嬛书房举行“人文书房空间艺术展”首展——“楼宇烈先生法书精品展”开幕式。楼先生亲题展名“得意忘象”，并在现场作了《以道统艺，由艺臻道——从书法、禅修说起》的主题演讲。他表示：“不是想让大家看我的字，是看我的心与意。我自己一生之浅陋所得，毫不保留，诸君自取。”楼先生为嵩山论坛首届年会嘉宾。编者征得嫏嬛书房特许，依据楼先生是日演讲录音，整理成文，敬刊于此，以飨读者。

看到这个展览的名字，我非常惶恐，叫“法书精品展”。这个法书跟书法又不一样，现在的书法一般是从写字艺术的角度来讲，“法书”的本义则有可以效仿的意思。我写的字不能说是“法书”，是不能为人们效法的。另外，我这里面可以说没有一张精品，都不是精品。所以从现在书法的艺术的层面来讲，没有一张可以构成现在书法艺术意义上的精品。

但是换个角度，我也可以不谦虚地讲，也有精品——不是书法艺术上的精品，是书法内容上的精品。比如说，刚才大家看到，也有人很喜欢那一副联：“做本分事，持平常心，成自在人；行慈悲愿，启般若慧，证菩提道”。这副联怎么来的？其实就是有感而发的。

上个世纪九十年代的时候，社会上流行修禅，而修禅的过程中间，很多汉传的传法，人们都感到没有抓手，没有次第，不知道怎么去把握。当时流传到内地来的，藏传的修行，藏密的修行方法，它有很强烈的次第感。再加上当时南传佛教，他们的禅修也开始进入中国。南传佛教里边这个禅修次第也是很先进的。就是中国汉传大乘佛教没次第，教内教外都在琢磨这个问题。当时有一批人就开始讲怎么样用天台的至关法门作为禅修的次第。

台湾有一些学者提倡，我们大陆也有一些教内提倡，天才的至关法门，作为禅修的次第。我觉得这个想法没有理解禅宗的根本精神。比如说我们知道，有一个浙江的男孩永嘉禅师，他本来就是修天台的，后来去请教慧仁法师。请教一下以后，他一下子悟透了，当天就要走。慧仁大师说，你待一天再走。后来他就待了一天就走了。一晚上就觉悟了。他的《永嘉证道歌》里面就有一句话，他真正体会到了禅修的精神，叫什么？行亦禅，坐亦禅，语默动静体安然。这才是真正的禅修精神，并不是在形式上。今天我达到了这个境界，有了这个收获，明天我又提升了一点，后天我又提升了一点，这不是禅宗的禅修。禅宗的禅修就像他讲的，我走路也在修禅，我坐着也在修禅，我说话也在修禅。就像我今天讲，我就在修禅，跟大家讲这个，我就在修禅。我不说话也是修禅。所以禅可以体现在生活的方方面面。禅宗很多祖师讲，穿衣吃饭是修禅，走路睡觉是修禅，拉屎撒尿也是修禅。所以禅是无所不在的。它不脱离生活，不是生活之外的一种所谓的修行方法，是修行中的一种生活，生活中的一种修行。

就像现在的一位大德，刚走了几年，净慧法师。他提到生活禅就是主张在生活中修行，在修行中生活，这是禅宗的根本精神。

于是我就想到禅宗的祖师们讲了很多。我首先想到了赵州和尚。很多人去问他怎么修，到处都来问他，怎么修禅。他最著名的说法是“吃茶去”，但是他更多时候的回答是：“做本分事。”他认为，修禅就跟喝茶一样。因为喝茶在寺庙里面是最普通、最经常的事情。修行也喝茶，修禅也喝茶，聊天也喝茶，接待客人也喝茶。所以如果用后面那句话来说，就是做本分事，做好你的本分事就是在修禅。

不要脱离了你现在的事情，摆脱你现在的事情，到什么地方去关起门来去修禅，这也符合慧能和永嘉的说法。这是修禅的第一步，不能离开生活，就是在生活中，你做好你的本分事。这个事说起来容易，其实是最难的事情。你心里面老是想着，身在此处，心想别处，想做别的事情，就落不到当下，就修不起来。所以我也经常跟大家讲，有一句话，我们过去都批评没有长进、不求进取心的人，老是用一句话去批评他，说这个人没有进取心，“做一天和尚撞一天钟”。这个人真没有出息，没有上进心，没有进取心。这样真是没有出息吗？我不这么看，做一天和尚撞一天钟，我觉得这句话里的切实精神恰恰是最重要的。做和尚不撞钟干什么？既然做和尚，撞钟就是在做本分事。这才是真正符合禅宗的精神。

所以第一步，我们要认识到这一点。我们只有做好这一步，做好这个本分事，认认真真地做好本分事，我们才能够进一步再去提升。

第二步是什么呢？第二步就是马祖道一讲的，平常心是道。我们要持一个平常心。所谓平常心就是无分别心。马祖道一讲得很清楚，平常心就是无分别心，消除种种分别的心，就是平常心。这个不容易的。一个人要消除分别心，那是非常难的事情，看什么事情都有不同的看法，有分别。好的就是好的，不好的就是不好的，不太能够消除分别心。所以马祖道一反复强调，平常心是道，直心是道场。可以说，做好本分事以后，这是需要提升的一步。既做好了本分事，又没有分别心，这就是禅修，你的禅修就进步了，就提升了。

就是这样，做好了本分事以后，我再提前一步，就成一个自在人了。“自在”的境界更高了。一个什么样的境界？整日吃饭未曾咬到一粒米，整日走路未曾踏着一片地——都没有了，都不往心里面去了，这才能够自在。一天到晚惦记着我吃什么，我走的什么路，我吃的什么饭，他还能自在吗？自在不了。平时说自在，都不真正知道“自在”的意思。知道而且做到，这就达到佛的境界了。我们称观音菩萨叫“观自在”。

我是想用这三句话来告诉人们，汉传的大乘禅宗并不是没有次第，只是我们自己没有认识到。要到生活之外去找，所以找不到这个次第。在生活中一步一步地走，踏踏实实地走，做好本分事，消除分别心，最后就成自在人了。

成自在人的境界是不容易的，我也用一句成语、一句平常的话去告诉大家。我们经常批评一个人说，这个人懒得要命，真懒！衣来伸手，饭来张口。我说这样是很懒，但是如果我们换一个思维方法，这是修养达到了最高的境界。不去分别你给我吃什么，不去分别你给我穿什么，衣来就伸手，饭来就张口，要成为这样一个自在人，整日吃饭未曾咬到一粒米，整日走路未曾踏着一片地，这是何等境界？就看我们能不能用这种思维方法去改变我们对禅的认识。

认为禅一定要静坐在那儿，一定要默默不说话，那会远离真正的禅境。行事坐卧都可以是在修禅，就是在磨炼自己，就是在提升自己。所以这三步踏踏实实去做的话，你就能达到禅的境界。

这个上联出来以后，很多朋友，很多学生，很多法师说，你有上联，能不能对出一个下联？后来，我把佛家根本精神结合起来，对出了下联。佛法的根本是慈悲精神。佛法的基本意思可以这样说——菩提心为因，慈悲是根本，方便为究竟。这三句话，就把佛法要义彻底地概括了。所以慈悲是根本。你要做好本分事，你必须要有慈悲心。所以要行慈悲愿。

消除分别心，那是一种佛法的智慧，就是般若。般若的智慧就是无分别的智慧。启般若慧。最后达到根本的觉悟，证菩提道，菩提道就是觉悟。所以就有了这副对联。

有了这副对联以后，大家又要我来个横批。横批该怎么写？我就说，很简单，“活在当下”。我觉得，从文字内涵上说，这个是精品。当然，作为一个艺术性的书法来说，说不上，但是作为一个精神性的、思想性的作品，我们能够得意而忘象。得到真意的时候，“象”就不重要了。本来我想讲得意忘形，不好，那是习惯的放肆，不好。就用得意忘象，形象。所以我讲这个，希望这样可以对人有点启发。

艺术的东西，比如绘画、书法，应该说都有两种作用、两种功能。中国近代的一位著名人物，丰子恺，他曾经讲过，他从他的绘画这个角度讲，说绘画有两种功能，一种是实用的功能，一种是非实用的功能。实用的功能就是画出来，表述一个东西具体的形象，具体的东西。还有一种功能，它不是实用的，不是要说明一个什么东西。绘画不是有某一个具体形象。但是他说，这个才是绘画的最重要的精神所在，就是说无用之用，无用之大用。它没有一般意义上的实用，但它有人类离不了的大用。什么才叫大用？他说，一幅画，如果能够触动人的情感，改变人的情感，这就能见出绘画的大用。让人一看，有所触动，而且由此潜移默化地改变了他的感情，成了一个有高等人格的人。这就是绘画的大用。我觉得，丰子恺说得很有道理，也很深刻。

从这一点说，我想书法也是一样。有一种书法，大概就是实用的。比如我题写一个书名，这个很实用。写个标志、路牌，也是为实用，方便众生。还有一种书法，可能就不一定有这么一个实用性。但是看了以后会让你琢磨，觉得这个说法有道理，想想我是不是也应该这样去做？然后就影响了你的思考，改变了你的人生，那就是它的大用。

我们看待、理解一些东西，会有不同的角度，它可以产生很多不同的作用。所以我书写的这些对联、条幅、斗方等等，如果有一些让人们感到有所触动的话，那我想就起到了书法的一种作用，而且是我希望的大用之用。

下面我还想就书法来讲。其实书法这个概念，我今天的理解，跟传统是有很大的不同，有很多事例可以证明。我们现在的书法，很大程度上都在所谓的艺术层面，就是形状上面、外形上面来讲。如果从这方面来讲，从美的角度来讲，艺术外形的美的角度来讲，可以说还是比较好的。当然对什么是美这个问题比较麻烦，情人眼里出西施，人们对于美丑的这种看法是不一样的，差别很大。

这还是好的，是正常状态的。现在问题是，更多的是要把书法作品作为一种收藏的东西去投资。我把它拍卖过来，收藏起来，等它增值了再拍卖出去。书法作品纯粹成了商品，成了赚钱的工具。这样做，书法的根本精神就完全丢失了。可以说，就像我们老话里讲的，这就叫“玩物丧志”了。没有志了。

志是什么？志就是志于道，游于艺。在书法正道上，可以养性怡情，益寿延年，陶冶精神，由书悟道，千百年来都是这样的。如果从本来的艺术美的层面，变成了完全金钱交易的层面，那我觉得是很可悲的事情。

而且，有一些东西，再好的东西，你收藏起来，不让人看，它的社会文化意义就没有了，一点也没有意义。好的东西，更需要拿出来给人们看，让它发挥“公器”的作用，有益世道人心。

我觉得现在这个时代，有很多技术手段很厉害，我们要复制一个东西，可以以假乱真，甚至比真的还好，比真的还完善。但是如果我们把这个做出去看，我们作为一个收藏，作为一个增值工具，那完全就失去本来的意义了。

我觉得好东西就是要去给人看，影响人们的感情，感化人们的心情。说得再远一点，从上古开始，我们的礼乐文化主要就是养情的。养情里面，我们有三个方面：一个是动情，让你动情；一个是移情，让你改变；一个是节情，节制你的情感，不要过分，更不要泛滥无归。我们的一切艺术都有这个作用，不能过分。过分就可能变成了玩物丧志，甚至更糟糕。

所以就像孔子讲到的，乐而不淫，哀而不伤，保持中道，这才是最根本的。所以无论任何一种艺术，都有这个方面的作用，帮助你守中道，不让你过分。

所以书法从最初来讲，其实就是“书”的概念，或者我们今天“书本”这个概念。书实际上就是字，书就是字。秦始皇统一全国，他做的工作，第一个就是统一，统一度量衡，然后来车同轨，书同文。这个书是什么意思？就是字。因为当时的六国，战国时期各个国家文字是不同的。同样一个字，在晋国这么写，在楚国那么写，在秦国又那么写。他提出书同文，就是写字要同一个纹理纹路，同一个描绘的方法。他首先就把字的写法统一起来，就有了李斯帮他制定的小篆，秦篆。这是中国文字第一次标准化。但是这个也不是彻底的，我们只能说是相对的，中国的文字很复杂，所以这是字体第一次标准化。

所以，“书”最初的意义实际上就是指书写那个字。书同文，从“书同文”这个词里面，我们就可以看到书最初的含义。所以我们经常把礼乐里面讲的“六艺”中的书解释成六书。当然相对确定地讲，阐发六书是到汉代才成熟的，特别是许慎的《说文解字》，是比较相对成熟的一个六书的表述。六书是什么？六书笼统地讲，就是我们的字是怎么造出来的，就是造字法。所以书法最初也可以说是造字法。造字法有各种不同，六书，六种方法。现在分得很细，也有道理。第一，象形指事，是真正的造字法。象形，看见太阳画一个圆圈，点一点，这就是日。画一个弯钩，这就是月亮，一看就明白，这是象形，这是造字，我们说象形字。

第二就是指事，指点一下。比如我们画一个杠，一横上面一点是“上”，一点在下面就是“下”，这是造字最初。这两类是造字。

还有会意、形声，这是组字法，用不同的部首合在一起，造成一个新的字，把这个称为组字法。

另外两种，把字的用途扩大，借助已有的字来转注、假借。所以造字法里面本身就有这三大类，造字法，也有书法。这个我想应该是比较最初的一个从六书这个概念理解书，这个意思，这样来理解。从六书这个角度，从造字法的角度来理解我们今天说的书法。

但是我们后来应该说，因为造字跟写字是分不开的，你要书写出来，所以书又变成写了，写字。书法，就是写字的方法。比如说像篆书，就有一种特定的书写方法，要这么描，不这么描就不是篆书了。到了汉代，又想简化，标准化，演化出来隶书。到唐代还想规范化，还想统一化，这就有了楷书。这都是书写方法，它不是字体的构造本身，而是它的书写形式。怎么样来表述、表现？画出这个字来，这样的笔画，这样来结体。从这个意义上面，后来更多地用到书法这个含义。

但是不管怎么说，它都是一种表示书写的法度。特别是到了楷书，横是横，竖是竖，钩是钩，挑是挑，捺是捺。后来有人总结出“永字八法”。虽然对这个说法的意见有分歧，但还是有它的道理——“永字八法”基本上把写字的笔法提炼出来了。虽然还不够，但是总的来说还可以。

所以，书法的本意，是规范我们写字的法度。这是最重要的。那目的又是什么？就是交流。你写出来人家看不懂，或者你写出来是你能看得懂，到我这儿看不懂，这就失去了交流的价值。其实秦国当年统一中国，做了三年工作都是统一工作，都是标准化的工作：度量衡的统一，车轨的统一，文字的统一。目的都是为了使得交流能够进行，能够大家互相交流。这是很明确的，这也是非常伟大的一件事情。

当时就感觉“车同轨”很麻烦。楚国两个轮子这么宽，当时也没有水泥路，都是泥路，泥路走时间长了就有车辙。楚国的车子在楚国走起来很方便，可是在秦国，我比你宽了，就麻烦了，到秦国就不适应了。就像民国时期，铁路、铁轨的统一也是一样的道理。当时东北的一个铁轨的车轮子，轮距和关内不一样，到进了关内很不方便，火车开不进来了。当年道理也一样，当时车同轨就是这个道理，就是统一标准，这样我从哪儿到哪儿都很方便。书同文也是这个道理。你能看懂，我也能看懂，大家都看了，都知道这个知识。这个变革很有意思，这是共同体的必然要求。

这个事情很有意义，但是这个很难做到。秦始皇花了很大的功夫，下了很大的气力，也经过了后来的汉唐这些规范化的隶书、楷书，不同的写法还是很多。比如异体字，就是书体的异体，也有字的异体，也有书法，都有。这还是很难的一件事情。我觉得这个问题还没解决。不知道大家注意到没有，有一个字，很简单的字，宝剑的“剑”。“剑”这个字有多少种写法？很多种写法。我们不是讲很多种写法的字很多，但是我们现在保留在我们电脑字库里面，这个“剑”字有多少，大家知道吗？有七个。这么多有必要吗？没有必要的。“剑”的繁体字、简体字，两个就足够了。很多的异体写法。我们现在电脑里面居然保存了七个“剑”字，这是浪费。我认为这是资源浪费。

统一不是那么容易。所以书法的意义和重要性也就在这个地方。正规的书法应该就是篆、隶、楷。但是篆、隶、楷里面还有很多很多不同。我们在平时的应用方面，又不能像篆、隶、楷那么死板，要灵活，要方便实用，就有了行书。在行书面前，篆书又成了历史性的符号。我现在很不明白，很多人在教小孩写汉字，居然从甲骨文教起，有必要吗？我觉得完全没有必要。专门研究可以，一般小孩学甲骨文干什么？完全是死去的文字。篆书现在多数只用在印章和碑额上，早已不是日常用字了。

所以书法应该是以日用为主，实用为主。至于草书，草草匆匆，匆匆草草，赶紧写，草草地写。草书的来源就是草草匆匆。其实很多情况下，我们不需要草草匆匆，只是在不得已的情况下，我们不得不草草匆匆。但是即使草草匆匆，我们也讲究法度。草书，自由发挥，我想怎么样就怎么样，写的谁都不认识。这写出来还有什么意义？谁都看不懂，只有我自己看得懂，那就毫无意义，就完全失去了书法的真正的功能。所以我们考虑书法的问题，还要以它怎么样能够影响人们作为出发点和落脚点。可以说是“一书六艺”，六艺之一。我们从字体来讲，从书体来讲，字体、书体都是艺术层面的东西。从艺术层面再提高一步，就是要把它提升到一个“道”的高度，在这个层面来认识它。道的内涵是能够影响我们的。刚才我提到丰子恺，丰子恺也讲过，如果一个人类的世界里面没有感情的东西，都是死板的东西，那还怎么认识世界？认识世界就必须有感情，有感情的世界，自然会出现有感染力的东西引发的感动，感情是教化的桥梁。我们的一切艺术，其实还是会感染人的，最终都会影响人的感情、情绪，起到宣泄、疏解、引导的作用。

为什么我们过去那么重视礼乐教化？因为不管是礼也好，乐也好，特别是很多礼是通过乐来体现，都是感动人，变化人的气质，提升人的境界。所以我觉得，我们现在如果讲书法，艺术的美跟这种情感的高尚能够很好地统一是最好的。但是如果做不到，退而求其次，那我讲，应当把情感的感动放在第一位。

所以我说，现代意义上的书法艺术的美，我是缺少的。我们现在教育上的问题也是这样。我就是一个例子。再看看现在的教育，不懂得中国字怎么写、中国话怎么说，这现象越来越严重。怎么办？我现在已经八十多岁了，因为我是在上海长大的，受一方水土影响，上海是比较早地西化了。我没有经历过书香家庭的教育，也没有经过私塾的教育，所以我识字是识字，写字是写字。如果是书香家庭，识字和写字是一起的，在识字的同时就写字了。写字有规范的要求。我上小学的时候，至少有三年时间是有写字课的，写大楷，写小楷，摹字，然后临帖，也都做过一些，但是没有得到过老师的严格指导和要求。很多时候都是随随便便。所以我小的时候字没写好，一直到大学，我的字还是不太能看的。上海有句话——螃蟹的脚乱爬，就是说我写的字没有规范，胡乱画。到了后来当教师了，你总得写黑板字，给孩子，给学生们讲，感觉到羞愧，所以自己慢慢地学一点，但是也不行，已经晚了，仍然是没有老师的指导、传授、要求，到现在也还是写不好。

所以现在我觉得我们非常重要的，就是要从小学起，注意规范，写字遵守规范，我觉得就是从楷书开始。后来又有字体出现，更规范化的宋体、仿宋。那也不一样，过去几种字体都是在软笔的过程中间形成的，宋体实际上是硬笔的过程。我们现在叫做“印刷体”。你刻模板，你要刻出来像楷体一样圆润、粗细，那就没有多大变化，宋刻、宋体、仿宋体，就是一个印刷体，并不是手写的，不是书写体。书写体还是隶和楷，最实用的还是行书，行书是综合的隶、楷、篆。至于所谓的草书，其实是书法的变异，我觉得不值得大力提倡。写写无妨，即兴可以，喝了酒，乱画一通，则不可取。可以即兴，但不要去提倡，更不要去推广。墙上挂满一墙的草书，一个字也看不明白，那不合常理常情。我曾经参观过一次草书，我说这个我不看。当然，我还读过《草诀歌》，那是草书的规范，我还能认识一些，但我不欣赏。太费脑筋了，很难找到艺术美的感觉。

所以，我们如果能够看到一个屏风，屏风上面有一幅很好的楷书，内容又很好，那对人的这种熏陶的作用，它就不一样。后面画了一幅草书，看不懂，心都乱了。所以书法也还是很应该讲究。现在的拍卖行，简直是糟蹋艺术的地方、毁灭艺术的地方，把艺术精神统统丢光，只讲金钱，利字当头，没有积极意义。有些人不走正道，挖空心思去抬高自己，用名人的名气、名人的字。再有名气，大家看不懂，也不知道他写的什么，也不知道对我们人生有什么意义，有什么作用。别说一百万，一块钱我都不要。失去了书法的价值，失去了绘画的价值，失去了艺术的价值，根本的价值，这根本就没用。所以现在这种异化的现象相当严重。

当然现在科学在发展，在有些方面又给我们提供了很多方便。我们过去都用木版书，都用仿宋体，后来铅字印刷基本上也都是宋体或者仿宋体。进入照排时代，是一大变化，现在科技的发展可以给我们提供很多方便的条件。我们把过去的很多楷书印刷的线装书，把你们的楷书都提出来，成立一个楷字字库，我们就可以排出很多很多的楷书出来，真的很方便。

从实用角度说，艺术品真真假假都没有关系。我这个是真品，你这个是赝品，所以我的价格就比你的高多少。但是如果我们看重实质，尊重它的教化意义，它能够对我们有教育作用，对我们有启发作用，对我们有提升作用，假的又有什么关系？尤其是现在的高科技仿真，根本就毫无问题。假作真时真亦假，真作假时假亦真。我说远了，从书法讲到艺术，不仅仅是玩物丧志的问题，有更多腐蚀人性的东西。不光是情绪上，包括内容也是一样的，也不见得就是好的。

我是希望大家能够去倡导一种，即使作为一种艺术的书法的方向，提倡正面的这种艺术方向，让书法起到更好的教化大家的作用。所以我也写了一副联——“写字调心性，写书铸人格”。我们写字就通过练习来调我们的心性。什么心性？首先是静心，我写字，我要安静下来，然后要专心，还要有耐心，再把耐心进化成恒心。所以通过学写字，可以调我们的心。

然后写书，就是写一篇书法作品，通过这个书法作品来铸就我们的人格，至少字要方正，字要潇洒、飘逸，都可以来促进我们的一种人格。你不要把写字当作就是写字，写一篇书法，就写那么几个字。写字的过程，可以修心、修行，乃至修禅。所以书法的东西很奥妙，有的时候你看它的笔画，你分开来看一笔一画不怎么样，但是构成一个字又觉得很漂亮。要看单个字，不怎么样，可是整篇的东西就让人非常赏心悦目。这是很复杂的一个东西。

所以我觉得，我们从这方面应当更加地让大家明白一个道理：中国的文化分成两个层面——求道、学艺。学艺的目的就要求道。求道的目的也就是来指导我们的艺。艺的发展方向问题，就另外来促进我们对艺的精益求精，用道来指导艺，用艺来提升我们的道。这两个是一致的，分不开的。所以道艺统一那是最好的。

我现在虽然明白很多道理，但是我的艺达不到，我的道艺还是没有统一。我现在已经八十多岁，也来不及了，也不可能了，但是我要把我的这种心得体会都告诉大家，希望大家在今后的发展过程中，尽量能够把道艺一致起来，既要精于艺，又要志于道。不要沉迷在艺里面，把志于道这点给忘了。那就变得玩物丧志。也不要光讲空洞的道理，不去落实到具体的艺。

中国的文化就是把一切落实到现实的生活中间去，不是空谈。现在所谓的标准化的学术，很多情况下都是把它架空。般若是什么？就是讲道理，道跟艺是分开的。形而上为之道，形而下为之气，气里面包含各种各样的东西，空气的气也是。过去教育是为了求道，所以通过教育学来提升人的品格，然后拜师学艺，通过拜师来学艺。所以我们的书面教育也好，国家的教育也好，重点是求道，然后你要学艺，可以去拜师学艺。

行了，我胡说八道，我既不是文字学家，也更不是书法家，在这儿信口开河，错误的地方请大家批评指正。我就讲到这儿。

▪ Dialogue on the Dialogues: Cosmic God-Human Experience and Anthropocosmic Perspective

对话的对话：宇宙神人体验与人类学宇宙观视角

▪ 卢永灿

摘要：潘尼卡提出的“宇宙神人体验”概念（宇宙－神明－人类），基于印度教和佛教、西方基督教传统。杜维明的“人类学宇宙观视角”（天－地－人）则由东亚文化特别是儒家传统发展而来。潘尼卡和杜维明都对展望各自传统中三位一体范式下的人性的未来很感兴趣。潘尼卡长期致力于“对话”这一概念，并且拓展性地论述了这一主题。杜维明的“人类学宇宙观视角”为儒家人类学提供了基础，儒家人类学是儒家对人的看法。这一比较研究希望通过找寻和验证宇宙神人体验中的人类学宇宙观视野，和人类学宇宙观视野中的宇宙神人体验，以实现二者的相互激发。

关键词：宇宙神人体验；人类学宇宙观视角；对话；验证；相互激发

Abstract: “Panikkar’s” concept of “cosmic god and human experience” (cosmos-God-human) is based on the traditions of Hinduism, Buddhism and Western Christianity. Du Weiming’s “anthropocosmic perspective” (tian-di-ren or heaven-earth-human) is developed from East Asian culture, especially the Confucian tradition. Both Panikkar and Du Weiming are interested in looking into the future of humanity in the trinity paradigm of their respective traditions. Panikkar has long committed to the concept of “dialogue” and has extended this topic. Du Weiming’s “anthropocosmic perspective” provides the foundation for Confucian anthropology, which is Confucian view of humanity. This comparative study hopes to achieve mutual stimulation by finding and verifying the anthropological god-man experience in the universe and the cosmic human experience in the anthropological cosmology.

Key Words: cosmic god-human experience; anthropocosmic perspective; dialogue; verification; mutual stimulation

引言

雷蒙·潘尼卡建立了“宇宙神人体验”或“神人宇宙体验”①，这大体上基于他自身印欧传统的文化体验，包括印度教和佛教、西方基督教传统。另一方面，杜维明的“人类学宇宙观视角”是在东亚文化特别是儒家传统的语境中发展出来的。对潘尼卡来说，“真”由三种构成性要素组成：宇宙、神明和人类。他声称，这三者彼此内在关联，每一者都生成全部三者。并且，据潘尼卡所说，“神人合一体验”的普遍影响超出任何具体和特殊的文化或宗教传统。潘尼卡将这种普遍相关性称为“人的恒常”。

在这一“真”的三重结构中，宇宙（cosmos）、神明（theos）和人类（Anthropos）显然是“宇宙神人体验”的三个组成部分。不过，这一三重模型并非仅限于拥有神明概念的文化。潘尼卡的“宇宙神人”或“神人宇宙”中“神”的概念并非仅指超越或一神论意义上的神，而是也可以指某种终极存在或实体，比如说“道”或者“天”。即便是在不包含明确的一神论的神明或圣人概念的文明中，潘尼卡的“宇宙神人体验”也以不同形式出现。“宇宙神人体验”的普遍效力体现在“三位一体”的概念中。这是一种对“真”的三重体验，将人类和另外两种构成要素相联系，比如天和地。

杜维明是《中庸》首屈一指的现代诠释者。他强调了“天”“地”“人”的根本统一，并将人与天地之间的内在联系恰切地阐明为“人类学宇宙观”。“世俗人文主义”拒斥一切超越性的概念或在人以外的联系，与此不同，儒家人文主义认同人与天地的联系。人不能仅仅是与天地割裂的人，因为儒家人文主义在对人的理解上，是包容且相联的。简言之，儒家人文主义本身就与“人类学宇宙观”相契合。

在本文中，我想指出，潘尼卡“宇宙神人体验”的洞见和杜维明对人的“人类学宇宙观”本性的诠释，能够形成对话，并推进对人性的探索。这就是潘尼卡所说的通过互相学习来实现“相互点化”或“互相丰富”。雷蒙·潘尼卡和杜维明都对展望各自传统中三位一体范式下的人性的未来很感兴趣。在建立新的“人类学”，以联系而非孤立的方式理解人，以期超越启蒙时代以来主流的“人类中心主义”视角这条道路上，他们二人显然同为先驱。

潘尼卡的“对话的对话”

潘尼卡长期致力于“对话”这一概念，并且拓展性地论述了这一主题。不过，为了本文的目的，我不会考察潘尼卡的对话概念的延伸讨论，而是希望强调潘尼卡定义的对话的特殊方面。对潘尼卡来说，“对话”（δία-λογία）是一种互相渗透的方式。希腊语中“dia”的意思是“通过”，“logia”则源于“逻各斯”（logos），这个词有着多重含义，包括语词、言说、理性、逻辑、概念、基本原理，等等。统言之，可以说“对话”（dialogue）就是以最为深入的方式彼此联结。对话并不限于口头或书面的“会话”，而是囊括人类生活经验的诸多共有层面（conversions），以及对本真的诸多不同理解。换言之，对话并非仅仅是话语的交换。在这里，“转换”（conversion）不是从一者转向另一者，而是诚挚地参与到人类对本真的多种体验当中去。

在某种意义上，对话是互相渗透或贯通的一种方式。在这里，“逻各斯”不仅意味着“理性”或抽象的形而上学原则，还意指人类经验根底处的深层内核。当我们参与到对话中时，我们就渗入了彼此的根本内核。这个内核代表了我们存在的方式，蕴含着我们根本的信仰系统、生活方式、文化旨趣等。潘尼卡断言，“我们开始意识到，邻人的宗教信仰不仅挑战着我们自身，也可能在丰富我们自身，并且，那些将我们区隔开的特殊性，恰恰某种程度上潜藏在我们自身的宗教信仰当中”[②]（潘尼卡，1999：9）。

雷蒙·潘尼卡总结了他关于不同类型的对话的一些观点。他认为，对话可以根据关切的主要形式和内容进行分类。举例而言，辩证的对话就首先基于理智、理性和信仰体系等。参与这种对话需要基于共有的场域：信条和观点的竞技场。第二类是“爱欲的对话”。这种对话基于爱恶，以人类的情绪和感受作为彼此联系的方式。第三种对话就是对话的对话。相对于辩证的对话是信条或信仰体系的遭遇和交锋，对话的对话则意指复数的人（persons）的相遇的方式，而非个人（individual）的遭遇，或仅仅信条间的碰撞。（潘尼卡，1999：27）

在对人类的理解上，潘尼卡对“人”（person）和“个人”（individual）作出了明确区分。“个人”首先是指数字意义上的“个别”，可数的对象，而“人”则是彼此关联的人类。个人是单数的、孤立的、不关联的实体。潘尼卡在“人”而非“个人”的意义上理解人。对他来说，人类是对话性的，因为人类是关联性而非孤立性地存在的。并且，人的本性使得人必然关联性地存在。关联并不特指人与人的关联。潘尼卡对人类的展望超出了单一的人的维度，宇宙、神明在人类也在内在统一的整体中与人类关联，也就是他定义的“宇宙神人”的存在者。人类对话性地关联着宇宙、神明和人。这种关联不仅是外在的联系，也是内在的统一，这种内在统一存在于宇宙、神、人的三重架构中的每个存在者之中。

与此相反，辩证的思考将每个存在者预设为独立的，因此辩证的对话奠基于人类是彼此独立的个人的存在的观念。并且，人类被认为独立于宇宙和神明。辩证的思考认为人类是“理性”的存在者，而“理性”是区分人类的唯一范畴，亦即人类被归约为理性的范畴。

但是，人类的意涵远超出理性和理智的框架。作为“人们”的人类如“宇宙神人”的存在一样，是深入联系着的。辩证的对话意图将对话用作强加特定观点于人的工具，它要求人们因为特定的意见是基于“理智”或“理性”的，就将之接受为标准和绝对真理。[③]

而对话的对话则完全是人的相遇。在此种意义上，潘尼卡的跨文化对话的概念并非将一种本身特定的文化预设强加于对其他文化的研究：“如果仅仅是以自身文化的范畴研究其他文化，就不应称之为‘跨文化’。”（潘尼卡，1999：28）对潘尼卡来说，人类本就是对话者。人类是对话性地构成的，存在于关系之中。这种关系是内在的构成性要素，例如佛教的“缘起”和基督教的“共融”（perichoresis）。[④]作为人而存在不仅是外在地与他者相联，更重要的是处于与自身存在的关系中。在此方面，宇宙、神、人不是外在于自身的三个分离的实体，而是共存于三者中的任一者之中。因此，潘尼卡将人类定义为“宇宙神人”或“神人宇宙”，以此描述人的三要素或三种维度的根本统一性。人的本就是对话性地构成的“宇宙神人”。人类的“宇宙神人”性质使得对话的对话可以成为关联其他文化和传统的方式。

潘尼卡“宇宙神人体验”的性质及其对跨文化对话的影响

潘尼卡首创的“宇宙神人”的洞见，源于他以对本真的新的理解范式的构想，对基督教三位一体的理解和他对印度教不二论（非二元论）的思想所作的阐释。潘尼卡的三位一体的模型并非没有先例，但他是在这个“真”的三位一体模型的基础上形成他的洞见的。尽管基督教的三位一体广为人知，但潘尼卡并非将之作为排他性模型来证明基督教范式的普遍正当性。潘尼卡用三位一体发展出了他的“宇宙神人”的真实观，即“人的恒常”（Eastham，1993：viii）。此一神明、人类、宇宙三个世界的三元模型并不排他性地属于个别传统。潘尼卡的多元主义没有将真归约为人类经验的单一文化范型：“多元主义处于不相关的多元与整全的一元之间。”（潘尼卡，1999：10）在此意义上，潘尼卡的多元主义并未忽略存在于所有人当中的原初性的恒常。潘尼卡指出，真正的多元主义既不是不相关的多元也不是一种新的意识形态化的上层建筑——那种为了使每个人各安其位而设计出来的僵硬体系（Eastham，1993：vi）。据潘尼卡所说，真正的多元主义源于生活经验。例如，对于他的三位一体体验是否与托马斯主义神学（或任何其他神学形式）传统的基督教诠释相一致，他进行了颇多思考。但他思考的是如何以“宇宙神人体验”的方式重新诠释托马斯主义神学。他的“宇宙神人体验”可以作为理解任何文化和宗教传统中的三重结构的灵感来源。

潘尼卡认为，作为“神秘主义”体验的结果，“宇宙神人”的直觉是一种人的恒常。此处“神秘主义”一词指的不是奇异或非同寻常的体验，而是人类在理智和理性之上感知更深层的真的一种能力。对潘尼卡来说，这是一种不能简化为任何人为模型或框架的人类经验。如上所述，潘尼卡一方面在文化和宗教多元的意义上接受了人类经验的多元主义表述，另一方面他也认同人的恒常的存在。也就是说，不论文化和宗教如何多样，作为人类，总有一些东西是我们共有的。

“首先就是三个世界的三重模型（三位一体或非二元的）——也许最简单的是上、下、居间的结构：就传统而言包括，作为主宰的神明、人类、自然；在个人主义的层面则是，神秘主义的、纯粹理性的、审美的……潘尼卡坚持这三者是‘真’的构成性维度，出于便利可以进行区分，但它们并非彼此分离的。”（Eastham，1993：viii）

对潘尼卡来说，“宇宙神人”的直觉是一种“体验”而非思辨性的理论或公理。某种意义上，这种体验有其神秘主义的维度，不能以理性的或逻辑的语言来表述。此处的神秘主义同时指明，它是非二元论的，既不是一也不是二。换言之，潘尼卡的“宇宙神人”洞见是非二元论经验的结果。例如，宇宙和人类既非合一也非分立，宇宙神人体验的三位一体中的任何关系都是非二元性地构成的。对潘尼卡来说，最深层的人类经验应该以非二元论的方式表述。简言之，人类对“真”的体验是非二元论的。当“真”显现为一种人的知识时，所循的是非二元的方式，例如“既不是/也不是”。潘尼卡的“宇宙神人”知觉的基础是他对“真”的非二元性的理解。所以，潘尼卡的“宇宙神人体验”包含非二元论地相互联系着的宇宙、神明和人类，因而三者中的任一者脱离了彼此都不能独立存在，它们存在于彼此的内在关系中。这种联系极为内在，三者中的任一者都在自身之中包含着另外两者。所以，任一存在都既不能独立地脱离另两者，也并非全然依赖于另两者。

潘尼卡的“宇宙神人”直觉建立在对“真”的非二元论的深刻体验之上。对潘尼卡来说，非二元论或不二论（advaita）提供了“宇宙神人”的真实体验中彼此联系的内在本性，而“宇宙神人”体验则提供了对“真”的体验的基本模式。潘尼卡以不二论或非二元论的方式定义了宇宙神人体验的性质。例如，如果没有对三位彼此的关联性的非二元论理解，基督教的三位一体就无法得到解释。三位一体的神秘性和生机端赖于“真”的非二元论性质。

作为范式的“宇宙神人体验”

“宇宙神人体验”是基于人的原初体验的一种范

式，或者说“典范”（archetype），这种范式可谓遍及所有人。其普适性来自“体验”，不是知性的或理论性的模型或上层建筑。因此，我主张将潘尼卡的“宇宙神人”体验称为“范式”（paradigm）。这是一种普遍的人的恒常。对潘尼卡来说，“宇宙神人体验”不是归约人类经验的模型。相反，这一“范式”对不同文化和宗教传统中蕴含的人类经验的深层结构和隐藏维度是开放的。对潘尼卡来说，“宇宙神人体验”或者“神人宇宙”体验是普遍恒常的，不应被归约为均质的统一体。它包容多元的表现形式，只要这种形式不违背人的原初恒常。

儒家经验

对遭遇东亚传统的亚伯拉罕传统中的学者和神学家来说，最有挑战性的议题，正是我的着手之处。比较宗教学和比较哲学中最根本和关键的问题是如何处理两种极为不同的“世界观”。在这里，我使用了尼尼安·斯马特（Ninian Smart）的“世界观分析”的方法（斯马特，1983）。当我们试图理解他者时，在参与和他者的对话之前，我们必须严肃对待他们的世界观。这意味着我们必须接受，他者具有和我们绝然不同的预设和理解“真”的路径。一种常见错误是，当参与比较研究时，我们——甚至出于善意——会假定他者和我们有同样的预设，例如超越性的存在、作为造物主的神、死后的世界，等等。

然而，一旦我们开始理解他者的世界观，就会很快意识到，他者的思考方式中包含着截然不同的预设。

我希望探索潘尼卡的“宇宙神人经验”对东亚的儒家传统的影响。这一尝试不是要试图寻找各自传统中表面的相似之处，而是要尝试探求潘尼卡所倡导的“同胚同质（homeomorphic equivalence）”或“功能性等同（functional equivalent）”。

在比较文化和跨文化研究中，潘尼卡发展出的方法之一就是在各自的传统中尝试探寻“功能性等同”。每种文化和宗教传统都有着不同的世界观和文化与精神导向，我们不应该忽视各种宗教和文化的独特性，不应意图将其他传统和宗教归约为某种宏大框架或者极为笼统的架构和纲要。潘尼卡的建议是在各自传统中寻找“功能性等同”。例如，不是在不同的文化和宗教中寻找“上帝”的同义词，而是聚焦于在各自传统中扮演相似角色的特定符号、隐喻、礼仪和观念。

比如说，在比较基督教传统和儒家传统时，从方法论的角度，我们必须注意两种传统中不同的世界观和预设。亚伯拉罕传统奠基于创世说导向的世界观，而中国传统则没有创世说。例如牟复礼（Fredrick W. Mote）就从创世说或宇宙生成叙事之缺位的角度诠释中国式世界观的独特性：

> 外人难以理解的一个基点是，中国人没有创世神话，这在从古至今的一切人类中是独一无二的。也就是说，他们将世界和人类当作自存的，认为自在自为的宇宙的核心特征就是没有造世主和第一因，它自身是至大无外的。（牟复礼，1989：13）

在中国创世说或创世神话的缺位，并不意味着中国人对宇宙及其运转毫无兴趣。我想说的是，在对宇宙起源的理解，以及天下万物如何交互和有机地生成与再生的问题上，中国人发展出了极为精巧复杂的“宇宙论”。简言之，亚伯拉罕传统发展出了创世说导向的世界观，而儒家和东亚传统则发展出了宇宙论导向的世界观。因此，儒家传统中的阴阳宇宙论和亚伯拉罕传统中的《创世记》的创世说，是功能性等同的。

对亚伯拉罕传统来说，《创世记》中的创世神话，无论是否为真，都在形塑世界观方面发挥了关键性的作用，这一世界观不仅塑造了亚伯拉罕传统，也在总体上影响着西方文化。而另一方面，儒家传统由一种宇宙观塑造，这种宇宙观是以阴阳诠释宇宙及其运转的中国古代学说。这意味着，与认同作为造物主的“上帝”、造物主和造物的二分的亚伯拉罕传统不同，儒家传统认同的是天地人由基于宇宙观的阴阳的律法和原则统辖的世界观。因此儒家传统不需要作为造物主的“上帝”或造物主与造物二分的假说。儒家传统中没有明确的人格化的神的概念。一些人会坚称儒家传统中也有人格化的神的概念，比如说“上帝”。但是，与亚伯拉罕传统不同，“上帝”不是一神论的造物主“God”。另外，应当指出，“上帝”不是儒家传统中最主要的神，这与亚伯拉罕传统极为不同。实际上，非人格化的“天”的概念在儒家传统中扮演着重要的角色。因此，比较亚伯拉罕传统中的“上帝”和中国或儒家传统中的“上帝”是不适当的。简言之，儒家传统中的“上帝”不等于亚伯拉罕传统中的“上帝”。他们并非潘尼卡意义上的“功能性等同”。

儒家传统中的人类学宇宙观（anthropocosmic）视角

从儒家的角度来看，天、地、人不是三个分离的实体，而是本质上相互联系的。如上所述，儒家传统不像亚伯拉罕传统那样明确地表达了神的概念，但确实强调了关联“地”与“人”的“天”的概念，以此产生了儒家思想中的三位一体。例如，杜维明丰富了与天地关联的整全的人的概念，并将其恰切地概括为“人类学宇宙观”（杜维明，1993：145）。儒家认为“为人（being human）”指的是在与天地的关联中生活。在此意义上，人是“人类学宇宙观”的存在。尽管在儒学中，“人”和“天”是彼此联系的，而“上帝”本身的概念并不存在，但天的概念指向的是终极和绝对存在。在东亚和儒家世界观中，天有着独特的地位，不是简单的物理性的天或与人分离的超越性实体，而是道德权威、宇宙原力、终极实在，甚至是像固有事实一样内嵌于人之中的命运。在此意义上，天扮演着与亚伯拉罕传统中“上帝”概念“功能性等同”或“同胚同质”的角色。儒家的“人类学宇宙观”视角是对潘尼卡理解的“宇宙神人体验”的人类原初性恒常的体现。

杜维明的“人类学宇宙观视角”为儒家人类学提供了基础，儒家人类学是儒家对人的看法。据杜先生所说，“儒家传统的根本关切是学以成人。强调的不是人与自然或天的差别，而是与自然的和谐，以及与天的关联”（杜维明，1993：141）。这是《中庸》中最为深奥的主题。

儒家人文主义既不是“世俗”的人文主义也不是“人类中心主义”。前者反对任何形式的精神或神圣维度，后者则将人类提升到世界的顶点。儒家人文主义是基于“人类学宇宙观”体验的深刻的“精神性人文主义”。杜维明将精神性人文主义作为新兴的全球议题来推广。如同潘尼卡断言的“人的恒常”，杜维明宣称人文主义将指引人类在21世纪存活下去并繁荣昌盛。不过，他也提醒我们警惕世俗人文主义和民族主义的危害。对杜维明来说，精神性人文主义有着超越伦理教育和实践领域的深刻的精神维度。儒家“恕”的精神，所谓“己所不欲，勿施于人”（《论语·卫灵公》），是儒家伦理教育的基本精神根基。“精神性人文主义”不是人类中心主义，而是以天地为中心，寻求人的宇宙维度。杜维明将精神性人文主义的主要特点总结为：

> 作为全面而综合的人文主义，共有的人类经验具备己、群、地、天四个维度，人的全面发展端赖于这四个维度：（1）肉身、心灵、思维、精神的整体，（2）个人和社群（家庭、邻里、

乡村、城市、省份、国家、世界，以及彼岸世界）的充分互动，（3）人类与自然（动物、植物、树木、岩石、山脉、河流、空气）的和谐可持续关系，以及（4）人心和天道之间的关联。⑤

结语

“宇宙神人体验”与“人类学宇宙观视角”代表了两种不同的理解“真”和人性的方式。雷蒙·潘尼卡从20世纪70年代开始，就致力于宣传宇宙神人的范式，著有《宇宙神人体验：兴起中的宗教自觉》（潘尼卡，1993）和《存在韵律》（潘尼卡，2010），在这一主题上著述颇丰。不过，潘尼卡从不试图在“宇宙神人体验”的基础上建立思想体系、形而上学理论、宗教信条或者意识形态。潘尼卡反对将“宇宙神人体验”建构成笼统的哲学体系，即“宇宙神人主义”。这并非一种“主义”、一种思想体系或意识形态，而确乎是一种“体验”。这并不意味着潘尼卡是反智的。相反，潘尼卡是在将人类的“智能”拓宽至理智和理性以外的范围。理智和理性当然是获取知识和理解事物的一种有效形式，但是理性并非通达知识和智慧的唯一道路。潘尼卡深入考察了现代西方将理性绝对化，将之作为评价一切知识的尺度的倾向。潘尼卡试图展示出超越理智和理性的视域。他的“宇宙神人体验”基于人类的直观能力、直觉和包括情感和情绪在内的感知力，也就是体验的维度。对潘尼卡来说，理性和感性并非一定要辩证对立，而是对话性地相互联系着。他的“宇宙神人体验”不是基于理性的思想体系，而是对人类的体验性的真实感知。对潘尼卡来说，“存在”和“生命”比理智和理性更重要，并且，理性不能脱离存在，它是存在的一部分。“宇宙神人体验”是一种对“为人”的体验，它超乎个人主义和人类中心主义之上，也超越了笛卡儿理性感性分离、灵肉分离、物质意识分离的二元论。在此意义上，“宇宙神人体验”是理解人类和宇宙、神明或终极实在关系的综合路径，可以被描述为新人文主义或者精神性人文主义。

杜维明的“人类学宇宙观视角”也是在尝试诠释儒家为人的体验。但这一视角并非建构或归约一种思想体系。宇宙神人体验和人类学宇宙观视角都丰富了对人的经验维度的复杂理解。自启蒙时代以来，理智和理性主导了对人的定义。这一思潮在西方持续了四个世纪。21世纪是新时代的开端，也理应成为转折点——我们正见证着新的自觉的晨曦。新的自觉的兴起奠基于对“为人”的本原的理解，无论这种理解是来自基督教的三位一体，还是基于《中庸》中“神”的维度的儒家精神性——这一维度预见了与天地关联的转化过程中的“人”。

我尝试比较宇宙神人体验和人类学宇宙观视野，并不仅仅是为了寻找二者的相似性。我的这一比较研究，希求的是通过找寻和验证宇宙神人体验中的人类学宇宙观视野和人类学宇宙观视野中的宇宙神人体验，来实现二者的相互激发。

（吴蕊寒　译）

注释：

①潘尼卡用“宇宙神人”的概念来表达宇宙、神明和人类之间以及各自之中的相关性，宇宙、神明和人类构成了“真”的基本元素。不过，潘尼卡认为，由于希腊文的“andro”一词的意思是男性或男人，“神人合一”这个术语具有阳性的意涵，所以他引入了“theanthropocosmic”这一不具有明确性别意涵的概念。但由于潘尼卡的早期作品中使用了cosmotheandric一词，同时，通过潘尼卡的《神人合一体验：宗教意识的萌发》（edited with introduction by Scott Eastham, New York: Orbis Books, 1993）一书，这一术语更为潘尼卡的读者所熟知，所以在本文中，我使用的是cosmotheandric一词。

②对潘尼卡来说，宗教或文化间的关系既不是互相排斥也不是互相包含，而是互动性地彼此依存。他描述了参与和其他宗教传统的对话的不同方式，但他自己的方法被定义为“互相贯通”和“多元主

义”，参看他的 *The Intrareligious Dialogue*，第 3–11 页。

③对潘尼卡来说，“辩证”意味着特殊的逻辑结构，这一逻辑结构基于二元对立。另一方面，“对话的”意味着非二元的思维方式，它不由逻辑思考或理性片面地决定。

④佛教中的“缘起”一词意为“互相依存地共同生成”，是对万物的内在关联性的称说。没有任何事物是独立存在的。与此相似，基督教“共融”的概念是对圣父、圣子、圣灵“三位一体”的互联性的描述，基督教三位一体不是指存在三个独立的神的位格，而是三位一体的上帝的我中有你的内在性质。

⑤这段论述来自杜维明 2016 年 10 月 9 日在韩国柏拉图学园发表的演讲的文字稿。这次演讲后来被翻译为汉语，以“*Yugyo: Miraereul wihan saeroun inganhak” Jisok ganeunghan mirae*（《“面向未来的人学”可持续的未来》）为题，发表于 Platon Academy in Korea, Book 21, Seoul：2017, 92–121。

参考文献：

Eastham, Scott. 1993. “Introduction” In Raimon Panikker, *The Cosmotheandric Experience: Emerging Religious Consciousness*. New York: Orbis Books.

Panikkar, Raimon. 1993. *The Cosmotheandric Experience: Emerging Religious Consciousness*. New York: Orbis Books.

Mote, Frederick W. 1971. *Intellectual Foundation of China*. New York: Alfred Knopf.

Panikkar, Raimon. 1999. *Intra-religious Dialogue*. New York: Paulist Press.

Panikkar, Raimon. 2010. *The Rhythm of Being*. New York: Orbis Books.

Smart, Ninian. 1983. *Worldviews: Crosscultural Exploration of Human Beliefs*. New York: Scribner Press.

Tu Weiming. 1993. “Confucianism.” In Arvind Sharma ed. *Our Religions*. New York, San Francisco: Harper Press.

Tu Weiming. 2017. 유교 . “미래를 위한 새로운 인간학” 지속 가능한 미래 . 서울 . 플라톤아카데미 . 21 세기북스 “*Yugyo: Miraereul wihan saeroun inganhak” Jisok ganeunghan mirae* [“A New Anthropology toward Future” *The Sustainable Future*], Seoul: Platon Academy in Korea, Book 21.

The Zhongyong（*The Doctrine of the Mean*）, Wing-tsit Chan. 1963. A Source Book in Chinese Philosophy. Princeton: Princeton University Press.

The Philosophical Form of *The Analects* and Its "Chinese Style"

《论语》精神哲学形态及其"中国气派"

樊浩

摘要: 伦理道德因何、如何是"'精神'文明"? 作为元典,《论语》所开辟的"中国传统"到底是何种传统? 本文沿着"精神"—"精神哲学"—"精神哲学形态"言路,试图对《论语》进行精神哲学复原。精神哲学复原的要义是:"精神"地诠释"礼""仁"理念;"精神哲学"地把握"礼""仁"关系及其所建构的精神哲学体系;"精神哲学形态"地理解《论语》所开辟"'精神'传统"的"中国气派"及其内在的"中国问题"。《论语》以"礼""仁"为基本概念,形成具有"精神"气质的关于伦理和道德的话语体系;建构了以"克己复礼为仁"为范式、"礼"的伦理世界与"仁"的道德世界辩证互动、透过"克己"扬弃两个世界矛盾的精神哲学体系;开辟了伦理—道德一体、伦理优位的精神哲学形态及其"中国气派",个体至善与社会至善的矛盾是内在于这一精神哲学形态的"中国问题"。精神哲学复原不仅是关于《论语》元典的精神哲学发现,而且以此演示中国文化的家园,就是"'精神'家园",在精神哲学视域,可以展示其跨文化会通对话的解释力和普遍价值。

关键词:《论语》;精神;精神哲学;形态;伦理道德

Abstract: Along the logic of the "spirit"–" philosophy of spirit"–"form of philosophy of spirit", this paper try to make the recovery of the spiritual philosophy to *The Analects*. It is the main ideas of recovery of spiritual philosophy: to interpret "the ritual", "benevolence" idea with "spirit"; to grasp "the ritual""benevolence"relationship and their system with "philosophy of spirit"; to understand "the spirit" tradition developed by *The Analects* and its "Chinese style" and the intrinsic "China problem" with "philosophy of spirit form". *The Analects* forms the ethical and moral discourse system with a “spirit” temperament to “the ritual” “benevolence” as the basic conception; constructs the philosophical system of “ke-ji-fu-li for benevolence”; opens the form of spiritual philosophy with “Chinese style”. Recovering is not only the recovery of spiritual philosophy of *The Analects*, also thus the demonstration, the home of the Chinese culture is “spirit home ”.

Key Words: *The Analects*; spirit; philosophy of spirit; form; ethics and morality

前言

饱经物质主义和理性主义的冲击，中国道德哲学已经不得不正视一些基本但却被冷落太久的问题——伦理道德因何、如何是一种“‘精神’文明”？中国伦理道德传统到底是何种“‘精神’文明”？作为基于“中国经验”的“中国智慧”，它们如何在与西方文明的对话中呈现普遍价值与独特气派？这些前沿问题的解决，需要也期待一种将伦理道德回归于“精神”的家园，在“精神”辩证发展的有机生态中把握其发展规律的精神哲学理论和方法。本文的努力，是对《论语》进行精神哲学复原，揭示其“精神”气质、精神哲学范式及其所开辟的精神哲学形态的“中国气派”，由此演示《论语》对于中国文化的“‘精神’家园”意义。

所谓精神哲学复原，既是精神哲学分析，也是精神哲学呈现。它基于对《论语》精神哲学本性的认知，透过精神哲学分析，呈现其精神哲学形态。这里，所谓精神哲学分析，不是一般地探讨精神发展的哲学规律，而是对于《论语》的“‘精神’理解”和精神哲学把握，它所复原的，是《论语》“精神地”理解和精神哲学地建构人的精神世界的理念、理论和方法。诚然，《论语》并不是西方形而上学意义上的精神哲学体系，但这并不妨碍它在精神哲学意义上对人的精神世界进行把握和建构，也正因如此，才需要透过其特殊的话语形态和问题指向，进行精神哲学复原，并由此展开与西方精神哲学的跨文化对话。[①]

无论精神哲学分析，还是精神哲学复原，两个元素都具有重要的方法论意义。

第一，“精神”的理念，核心是对于伦理、道德本性的“精神”理解。什么是“精神”？“精神”具有三大基本规定。1）“精神”的对立面是“自然”或人的自然状态，它基于自然又扬弃自然，是自然的真理。精神的本性是自由，自由的真谛是摆脱人的自然质朴性和主观个别性而获得真正的解放。“精神的实体是自由，就是说，对于他物的不依赖性、自己与自己的本质相联系。”[②]2）个体与实体（即人的公共本质），或“单一物与普遍物”统一。“精神”的本质和力量，在于将人从作为个别性的“单一物”的自然存在者，提升为作为“普遍物”的伦理存在者，用中国道德哲学的话语表达，即将人从自然状态的“小体”提升为伦理状态的“大体”，从“单一物”的“小人”提升为“天人合一”的“大人”。3）思维与意志的统一。在中国道德哲学话语中，“精神”是王阳明所说的“知行合一”的“良知”，具有在个别行为中“显现”人的普遍本性并实现自身的能力，思维和意志、知与行构成“精神”的一体两面，它们不是两种构造，而只是对待同一问题的两种不同态度。“精神一般说来是思维……思维和意志的区别无非就是理论态度和实践态度的区别。它们不是两种官能，意志不过是特殊的思维方式，即把自己转变为定在的那种思维，作为达到定在的冲动的那种思维。”[③]关于伦理道德“‘精神’理解”的要义是：伦理、道德不仅一般地具有精神本性，而且是精神发展的两个阶段或两种形态，即所谓伦理精神、道德精神。“精神”是伦理道德的概念本性和哲学本质。

第二，“精神哲学”的把握方式，核心是对于作为“精神”的不同发展阶段的伦理与道德之间关系及其辩证运动所形成的生命体系的精神哲学把握。伦理与道德如何“精神地”和“哲学地”关联？“精神哲学”的把握方式，是将伦理道德复归于“精神”，在精神由一个阶段到另一个阶段、一种形态到另一种形态的辩证发展中，揭示和把握伦理道德发展的规律；由此，伦理与道德的合理性，是精神哲学体系的合理性，应当也必须在精神生态的整体性意义上把握伦理与道德的合理性与合法性。“精神哲学”的把握方式既展现为道德辩证法，也展现为伦理总体性，其精髓是“从实体出发”，对立面是“原子式地进行探讨”。黑格尔曾断言：“在考察伦理时，永远只有两种观点可能：或者从实体出发，或者原子式地进行探讨，即以单个的人为基础而逐渐提高。后一种观点是没有精神的，因为它只能做到集合并列，但是精神不是单一的东西，而是单一物和普遍物的统一。”④“伦理”的精神哲学把握应当是“从实体出发”，而不是原子式的“集合并列”，由此才能达到“精神”，也才有“精神”。

一、“礼”“仁”话语的“精神”气质

《论语》之为元典，最基本的哲学确证，便是生成和缔造了一种“精神”地把握世界的话语气质，这种话语气质也是《论语》“精神哲学形态”之“精神”元色和“精神”元素。

无论对《论语》的理解存在多少分歧，一个共识总可以作为商谈前提：“礼”与“仁”是《论语》的两个概念支点。最直接的根据是，它们在全书中出现频率最高。根据台湾学者统计，在《论语》中，“礼”字出现75次，“仁”字出现109次。有待推进的问题是，“礼”“仁”，推而言之，《论语》的话语形态是什么？在文化发生和文明对话中，它们具有何种“中国气质”？

可以假定，“礼”“仁”是具有“精神”气质的伦理、道德概念，准确地说，是伦理、道德的精神哲学理念。“精神”，是其最具标志性的“中国气质”。

“礼”因何成为“伦理”的话语形态？何以显现“精神”气质？根本原因在于，它是关于伦理实体的理念，其“伦理”本性和“精神”气质在三方面得到展现。

其一，伦理世界与伦理规律的“伦”气质。伦理史与人类社会发展史、个体精神发育史内在一致。在人的精神发展进程中，伦理世界是个体与实体直接同一的世界。作为民族精神的家园，它是原初社会中个体与家庭、民族两大伦理实体自然同一的世界；作为个体精神的家园，它是作为家庭成员和民族公民的伦理实体意识。作为处于中国文明最重要的交会点上的作品，《论语》的“礼”建构和追求的是个体与家庭、民族直接同一的伦理世界。“伦”，即西方道德哲学话语中的所谓“伦理实体”，是这个世界的本质和精神形态。与西方道德哲学不同的是，“礼”不仅表现出强烈的“伦”的实体气质或“伦”气质，而且彰显家庭与国家直接同一即家国一体的伦理规律，因而在“礼”的伦理世界中，没有像黑格尔所说的家庭成员与民族公民两种伦理实体意识之间的紧张和冲突，而是将家与国、家庭成员与民族公民两种“伦”及其实体意识直接贯通，相互过渡。在这个世界中，个体性的人与实体性的“伦”的关系，展现为“天伦”（家庭血缘关系）与“人伦”（社会伦理关系）两大结构，它们在黑格尔《精神现象学》中曾被表述为“神的规律”与“人的规律”，不同的是，“天伦”与“人伦”并不分别代表黑格尔所说的“黑夜的规律”和“白日

的规律”，而是“伦”的一体贯通的两种生命形态或精神形态，“人伦本于天伦而立”，是根本的“伦”之“理”，或伦理规律。《论语》以周礼为“礼”的历史文本和理想类型。按照李泽厚先生的观点，周礼是未成文的习惯法，其基本特征是在原始巫术礼仪基础上晚期氏族统治体系的规范化和系统化。在家国一体的中国文明生成的历史进程中，“礼”融血缘、伦理、政治为一体，不仅被孔子创造性地转换为一种伦理政治制度，而且上升为意识形态的自觉主张，由习惯法提升为精神性的伦理实体。在孔子看来，“礼”是中国文明发展必然而应然的历史轨迹和精神规律。“殷因于夏礼，所损益可知也；周因于殷礼，所损益可知也；其或继周者，虽百世，可知也。”[⑤]天不变，“礼”之道不变，不仅具有永恒价值，而且具有家园意义——既是民族精神的历史家园，也是个体精神的文化家园。正是在这个意义上，我将“礼”诠释为中华民族由初民社会向文明社会转化、人的精神由自然状态向实体状态转化的文化“脐带”。[⑥]

其二，“从实体出发”的伦理制度和伦理必然性。按照精神哲学理论，伦理性的实体在客观性中充满着主观性，它既是客观性的规章制度，又是将诸个体同一的伦理必然性与伦理力量。《论语》所指向的那种客观伦理制度，是孔子最受非议的方面。然而人们在激烈批评中往往忽视了它的精神哲学意义，尤其是其“实体”气质。“正名”是《论语》提供的拯救社会失序、行为失范的伦理药方，其精髓被经典地表述为八个字：“君君臣臣，父父子子”[⑦]。这些曾被当作孔子政治保守性的铁证，然而仔细考证就会发现，它的精神哲学精髓是“安伦尽分”，其话语重心不是君与臣、父与子之间个别性的人与人的关系，甚至不是彼此之间尊卑等级的关系，而是这四者与整个“伦”的实体性关系，关涉的是“伦”的“整个的个体”，或伦理秩序。在这里，君臣父子行为合理的根据，是“伦”的实体性要求，体现的是“安伦尽分”的“从实体出发”的“伦理”精神。“伦理行为的内容必须是实体性的，换句话说，必须是整个和普遍的；因而伦理行为所关涉的只能是整个的个体，或者说，只能是其本身是普遍物的那个个体。”[⑧]“从实体出发”是孔子所设计的“礼”的伦理制度的“精神”气质。重要的是，孔子对“礼”的孜孜追求，决不止于这些外在的伦理制度，而是这些制度背后或者透过这些制度所达到的那种伦理必然性、伦理力量和伦理合理性，它们被孔子用一个字概括：和！“礼之用，和为贵。”[⑨]“和”就是伦理实体和伦理精神的和谐，它是“君君臣臣，父父子子”的伦理制度背后的伦理必然性和伦理力量，也是“正名”的伦理合理性，它追求的是“致中和，天地位，万物育”的中庸境界。

其三，以“礼”为“教”的“单一物”与“普遍物”统一的伦理精神本质。诚然，在《论语》中“礼”还没有发展为后来意义上的“礼教”或制度化的礼教，但以“礼”为“教”，或以“礼”作为个人的伦理教养和社会的伦理教化，并借此将人从个别性存在普遍化为伦理存在的伦理设计与价值追求是其精神内核。在孔子看来，“礼”具有至关重要的文化意义。对个体而言，“不学礼，无以立”[⑩]。对社会而言，“兴于诗，立于礼，成于乐”[⑪]。孔子自诩“三十而立”，“立”什么？就是“立于礼”。在《论语》中，“礼”作为教养具有双重“精神”气质。一方面，礼仪化的本质是伦理化，其真谛是过普遍性的生活。正如黑格尔所说，教养的本质就是将人的个别性加以打磨，使它符合事物的本性。杜维明先生曾指出，在孔子和儒家学说中，一个人如不经过“礼仪化”的过程而成为一个真正的人，这是不可想象的，在这个意义上，礼仪化也即是“人性化”。[⑫]另一方面，在中国文化的开端，

“礼”就不仅是意识，而且同时是意志行为，“履者，礼也”。[13]因而兼具“单一物与普遍物统一”、思维与意志同一的“精神”本性，这也是孟子将“礼”从伦理移植为四德之一的重要精神哲学根据之一。因此，“礼”无论作为个体教养还是社会教化，其要义都是将人从个别性的“单一物”提升为伦理性的“普遍物”，从而成为“单一物与普遍物统一”的“有精神”的伦理存在者。

“仁”作为《论语》“道德”气质的标志性话语，其“道德”的哲学本性获得普遍认同。有待申言的是，作为一个与“礼”的伦理实体性相对应的道德主体性的概念和理念，它何以又具有怎样的“精神”气质？

“仁”的“精神”气质同样有三。

第一，“不孤立”“与另一个人统一”的“对其自身具有确定的精神”。“仁”是“礼”的伦理实体性内植为个体道德主体性的概念，二者内在根本的“精神”同一性，而“爱人”是二者之间相互过渡的中介，也是“仁”作为“道德”话语的“精神”气质的根本体现与中国表达。“仁”的基本规定是什么？就是“爱人”。“樊迟问仁，子曰：爱人。”[14]什么是“爱人”？“爱”的精神哲学本质，是扬弃个体的抽象独立性，从个别性的自然存在走向实体性的伦理存在的自然形式和精神基础。“爱是精神对自身统一的感觉”，“所谓爱，一般说来，就是意识到我和另一个人的统一，使我不专为自己而孤立起来”，因而是“自然形式的伦理”。[15]“人”及其存在本身就是一个哲学悖论：已经“是”一个“人”，但又孜孜追求“成为”一个“人”。“是一个人”认证人是个别性的自然存在者，“成为一个人”的主旨是消解人的存在的个别性，从而成为“普遍物”。由此，“肯定自己是一个人，并尊敬他人为人”便是“法的命令”。“成为一个人”的精神历程从哪里开始？从“爱人”开始。一方面，“爱”以“不孤立”“与另一个人的统一”，消解人的抽象独立性或个别性，从而具有与他人相通的普遍性或所谓“德”；另一方面，“爱”无论作为人性事实抑或作为人性信念，都意味着人可能成为与他人相通进而最终成为普遍存在者的自我肯定，作为人的本性，它是人之成为人的“自然形式的伦理”。也许正因为如此，无论中国的儒家伦理，还是西方的基督教伦理，乃至其他文化的伦理，大都以“爱人”作为道德哲学基础和精神预设，原因很简单，从这里“人”开启了通向成为普遍物或伦理存在者的精神上的千里之行，也开通了由道德回归伦理的精神隧道。显然，“爱人”的规定，使“仁”与“礼”在精神哲学上深切相通并相互过渡，因为它使“礼”的实体性要求转换为“不孤立”“与另一个人的统一”的主体德行，即个体回归实体家园的那种德行。正是在这个意义上，“仁”成为中国道德及其“精神”气质的标志性话语和集中体现，也是孔子最具创造性的道德哲学贡献。

第二，“一种德”与“一切德”一体的总体性道德哲学话语。在《论语》中，“仁”既是一种德，又是一切德，还是一切德行的生命根源。作为一种德，其要义是“爱人”；作为一切德，它是全德之名，能行恭、宽、信、敏、惠诸德于天下者，便是“仁”。因此，一切正当行为都是“仁”之表现，也发端于“仁”，《礼记·儒行》引用孔子的话：“温良者，仁之本也；敬慎者，仁之地也……”它表现为不断的“应然”，因而也是不断的“未然”，“道德的观点是关系的观点、应然的观点或要求的观点”。[16]由此，“仁”便成为黑格尔所谓的“主观意志的法”即主观意志的自由。也许正因为如此，后来孟子将“仁”向“义”推进，“居仁由义”，仁义合一，以至“仁义”日后成为“道德”的代名词，所谓“仁义道德”。这一历史演变的精神哲学根据是：“仁”作为以“爱人”为本质的“礼”的伦理造诣，一方面必须坚守“仁者爱人”的“人道”；另一方面，必须按照“天伦—人伦”的“礼”的伦理世界的规律爱人，具体地说，由“亲亲”而“仁民”，由“孝亲”到“泛爱众”，这便是所谓“义”。正因为如此，朱熹曾这样揭示“仁”的道德哲学精髓：“仁乃心之德，爱之理。”⑰“仁”与“义”在道德世界中的精神关系是“居仁由义”。“仁者爱人”是道德的始点和精神家园，“义”是“差爱”或“伦列之爱”，是爱人的伦理合理性。仁以合同，义以别异，“仁”与“义”的同一，便是“道”与“德”的合一。韩愈曾对仁义与道德的关系有一个比较经典的表述：“夫所谓先王之教者，何也？博爱谓之仁；行而宜之谓之义；由是而之焉谓之道；足乎无待于外谓之德。”⑱由此，“仁与义为定名，道与德为虚位”⑲。这种表述在某种意义上也可以视为是对《论语》“仁”的精神哲学诠释。

第三，“永远有待完成的任务”。“仁”的精神辩证法，既是德行与自然之间，也是道德主体性与伦理实体性之间的“乐观的紧张”。它既是内在于人的本性，“仁远乎哉？我欲仁，斯仁至矣”⑳，又存在于求仁得仁的无限进程之中。“君子去仁，恶乎成名？君子无终食之间违仁，造次必如是，颠沛必如是。”㉑在《论语》中，似乎存在一个悖论：一方面，求仁得仁，欲仁仁至；另一方面，孔子从未称道谁达到仁的境界或成为仁人，成为仁者的唯一选择就是自强不息，厚德载物。实际上，这正是“仁”论的精神哲学的大智慧所在，它应了黑格尔的一个论断：“道德的完成是不能实际达到的，而毋宁是只可予以设想的绝对任务，即是说，是永远有待完成的任务。”㉒作为一个通向伦理实体或伦理普遍物的道德主体的理念或概念，“仁”既是完成了的，又是不可能最终完成的，它是道德与自然，包括道德与主观自然即理与欲、道德与客观自然即义与利之间“被预定的和谐”。理由很简单，完成了，也就终结了。但从根本上说，“成为一个人”或中国道德哲学话语中的所谓“成人”“仁人”境界应当是可以达到或实现的，它们是与伦理实体合一的人，这是无限与永恒的不朽之境。正如黑格尔所说，道德的终极任务不是扬弃不道德，而是使道德成为多余，进而消灭道德本身。这便是伦理与道德、礼与仁合一的化境。

“礼”“仁”话语的伦理—道德定位和“精神”气质理解，是准确把握《论语》的概念前提。在“精神”的话语形态中，一些《论语》公案也许可以得到更有解释力的诠释。孔子最易引发争议和批判的命题之一，是《论语·子路》中的：“父为子隐，子为父隐，直在其中矣。”它曾引发前几年关于“亲亲相隐”的学术论争。这里无意回应这场论争，只是追问：亲亲相隐，孔子到底“直”了什么？回答是：它“直”了伦理，准确地说，“直”了家庭伦理的“精神”本性，是家庭伦理的“直”或所谓“正直”。

如果将“直”诠释为价值真理，那么，它就是与道德、伦理密切相关的概念，三者关系的真理是：德或道德就是之于伦理的正直，或伦理性的正直，伦理是“直”之成为价值真理并转换为德行的关键。“一个人必须做些什么，应该尽些什么义务，才能成为有德的人？这在伦理性的共同体中是容易谈出的：他只须做在他的环境中所已指出的、明确的和他所熟知的事就行了。正直是在法和伦理上对他要求的普遍物。”㉓德只有在伦理或伦理性的共同体中才有现实性和具体内容，正直的对象和内容是伦理普遍物，德是对伦理普遍物的“直”道而行。家庭、市民社会、国家诸伦理实体作为不同伦理存在，各有其为德所“直”的伦理普遍物。“亲亲相隐”之“直”，是家庭成员对家庭伦理普遍物的“直”。“直”的哲学要义，一是伦理，二是“精神”。家庭是自然的伦理实体，家庭伦理关系的本质，不是个别性的家庭成员之间的原子关系——既不是彼此之间爱的关系，也不是市民社会意义上法的关系，而是个别性家庭成员与家庭整体之间的“伦”的关系。个别性的成员与家庭这个“伦”的普遍物之间的关联，必须透过“精神”才能达到，家庭之成为自然伦理实体的精神条件，就是个别性家庭成员的行动，以家庭这个“整个的个体”为内容和目的。[24]因此，家庭成员的行为，必须“直面”家庭伦理实体的要求，体现家庭伦理精神。“伦理本性上是普遍的东西，这种出之于自然的关联（指家庭——引者注）本质上也同样是一种精神，而且它只有作为精神本质时才是伦理的。”[25]“亲亲相隐”是家庭伦理实体的自然性格，也是个体性人的成为“家庭成员”的精神条件，其合理性是家庭作为自然伦理实体的自然伦理精神的合理性。由于家庭在伦理和精神发育中的策源地地位，“亲亲相隐”在诸文明体系中，不仅被隐忍，而且被承认。“因为对意识来说，最初的东西、神的东西和义务的渊源，正是家庭的同一性。”[26]“家国一体”的文明路径和社会结构，使家庭在中国文明体系中具有更为深刻的精神策源地和文化本位地位，因而“亲亲相隐”对中华民族具有更为重要的精神乃至文明意义。在这个意义上，不能简单地将它当作《论语》的糟粕，更不能将它与市民社会的伦理原则和伦理精神简单对立。“亲亲相隐”的合理性，是源于伦理道德的“精神”本性的历史合理性与理论合理性。

二、精神哲学范式：“克己复礼”

《论语》中更为深藏并有待破解的文化密码，是由“礼”“仁”“‘精神’气质”生成的“精神哲学”。

“礼”与“仁”，或者说，“礼”的伦理世界与“仁”的道德世界如何“精神地”关联？二者依何种规律辩证互动、造就个体与社会的精神生活和精神世界？于是，“精神”气质必然演进或推进为一种“精神哲学”。精神哲学的要义，是在精神的有机体系和历史过程中，诠释和把握“礼”与“仁”、伦理与道德关系。

《论语》精神哲学范式是什么？最经典的表述是：“克己复礼为仁”！

长期以来，人们习惯于从政治哲学、历史哲学等维度解读“克己复礼为仁”，揭示孔子的历史情结及政治取向。然而，如果将“礼”“仁”作为《论语》对于伦理与道德两种精神世界的建构和表达，以“克己”作为化解两个世界之间的紧张、达成“被预定的和谐”精神中介或“第三维”，那么，“礼—仁—克己”所建构和生成的便是一种特殊的精神哲学和精神哲学体系。这一“精神哲学发现”的意义，不仅为破解诸多“《论语》难题”，如“礼”“仁”关系及其所指向和生成的精神体系，也为中国文明的精神传统提供一种“精神地”和“哲学地”理解的理念与方法。

学界曾经聚讼并至今仍难轻言解决的问题是，在《论语》中，“礼”“仁”关系到底如何？以“仁”为核心，还是以“礼”为核心？这些问题的哲学实质是：伦理与道德到底谁处于优先地位？《论语》的精神哲学体系是什么？这场聚讼似乎以“仁核心说”为主流而告一段落。最有影响的观点是：在《论语》中，“礼”是传统的因袭，“仁”是创造性贡献，因而是孔子和儒家伦理的标志性概念，而“仁”比“礼”多出现34次，似乎是一个更具客观性的根据。然而，尘埃还未落定，关于“亲亲相隐”等一系列论争便将“仁核心说”引入难以摆脱的“丛林”。原因很简单，讨论陷入“礼”“仁”的原子式纠结，缺乏对于“礼”“仁”互动而生成的人与社会的精神同一体的哲学把握。从方法论的意义上考察，这一历史遗案的道德哲学延伸是：伦理与道德的关系到底如何？当今中国道德哲学研究逐渐达成的共识是：伦理与道德是两个相互区分的概念。应该说，在哲学把握中，由先前的“不分”进展到“分”，是一种重要学术推进，但是，如果停滞于“分”，将陷入伦理与道德的碎片，因而必须进行第二次，即由道德哲学向精神哲学的推进，将伦理与道德还原于精神的辩证生态，考察它们因何、如何成为精神的体系。由此，《论语》精神哲学体系，以及关于《论语》“精神哲学”诠释的要义便是：摆脱关于礼与仁、伦理与道德关系的“原子式思考”，在精神的辩证发展和精神哲学的有机体系中，把握二者关系的真理。

《论语》中的一段话对诠释“礼”“仁”关系特别重要。“克己复礼为仁。一日克己复礼，天下归仁焉。”[27]这里，孔子不仅指证“仁”“礼”“克己”三者关系，更透过三者关系隐喻一个价值系统和精神体系。“复礼”之谓“仁”，达致“礼”“仁”同一必须“克己”，其基本取向是以“礼”说“仁”，指证“仁”的目标和标准不是道德上的自我完成，而是“礼”的伦理世界和伦理精神的回归，即所谓“复礼”。这里，“复礼”之“复”以否定形态的话语悬置了一个在生活世界中被解构了终极价值，即被孔子认为具有历史现实性并承载人类理想的伦理实体和伦理世界。“克己复礼为仁”的哲学图式，本质上是生活世界中透过道德努力的一种精神建构和精神回归运动，是伦理世界—生活世界—道德世界的精神哲学统一。因此，只有在精神哲学体系中，“礼”“仁”“克己”，以及三者关系的价值系统，才会得到准确的诠释和把握。在“克己复礼为仁”的精神哲学范式中，“克己”与“复礼”在话语形态上表现为某种对应匹合，都指向某种经过辩证否定的肯定。“克己”的哲学真义是什么？“克己”的本质是胜己，朱熹言：“胜己之私之谓克。”[28]这里的“私”不能简单理解为“欲”或“私欲”，而是人的主观个别性或抽象的个体性。在中国哲学中，“私”往往与“公”相对应，“公”是社会秩序或伦理普遍物，“私”即未获得伦理承认的人的自然存在的个别性，所谓“一己之私”。在精神哲学意义上，“私”的根源在于为“欲”所蔽，流连于“小体”，难以达到“大体”，即难以达致“公”的伦理存在。所以，“克己”即扬弃人的自然存在的主观个别性，获得“礼”的伦理教养，最终归于“礼”的伦理实体性。这里，“复”有两个层面的哲学意义。在历史哲学层面，面对“礼崩乐坏”的历史现实，孔子要“复礼”，具体地说恢复或重建被他视为“理想类型”又有所“损益”的周礼秩序；在精神哲学层面，“复礼”是精神回归的辩证运动，即将人从“己”的个别性存在的“单一物”，提升为“礼”的伦理存在的“普遍物”的精神回归，或者说，是由自然存在回归伦理存在的精神哲学过程。因此，“克己”之“克”，委实不是消极性的“剥落”，而是极富积极意义的超越和建构。“克”与“复”的精神哲学精髓，一方面标示着它们不只是思维或认知的所谓“理性”，而是“知行合一”的“精神”；另一方面，它们又是精神“显现”或实现自身的现实努力，是人超越抽象的自然存在达致伦理存在的具有实践意义的精神运动。由“己”的“单一物”到“礼”的“普遍物”、由“克己”到“复礼”的精神历程，便是“仁”之德行的建构与实现的精神和精神哲学过程。

“仁”作为一种道德向往和道德动力，如何推动由“克己”向“复礼”的精神运动？其精神哲学根据存在于德行与伦理、道德主体与伦理实体的辩证关系中。黑格尔曾以一句话揭示二者关系的真谛：“德毋宁应该说是一种伦理上的造诣。”[29]“德”或“德行”是内在于个别性的人身上的“普遍物”，它既是一种本性，也是一种建构，人获得伦理上的造诣，即获得伦理普遍物或伦理普遍性，具有所谓“德”，于是主体之间便可相感相通，所谓“同心同德”。人一旦“克”

或扬弃“己”个别性，“复”或回归“礼”的实体性，便达到“仁”，即建构起内在的道德主体性。主体即实体，由此达到“单一物与普遍物的统一”的“精神”，但“仁”无论作为“一种德”还是“一切德”，都必须也只有透过“礼”才能获得现实性。所以，无论在精神哲学意义上，还是在历史哲学意义上，“礼”在《论语》中都具有比“仁”更为优先的地位。“仁”核心说的基本立论是：“仁”是成圣成贤的核心，也是收拾“礼崩乐坏”局面的根本。然而，这些只说明“仁”是孔子提出的解决春秋时期伦理道德“中国问题”的着力点，但由此说明“仁”高于“礼”并不能成立。这一问题可以从孔子的另一论述中得到辩证。如何才是“克己复礼”？孔子以“四勿”诠释：“非礼勿视，非礼勿听，非礼勿言，非礼勿动。”[30]视听言动都符合“礼”便是“仁”。“礼”不仅是“仁”的依据和目标，而且是造就“仁”的德行根本途径，“礼”的伦理之于“仁”的道德具有前提性意义。在精神哲学意义上，“克己复礼为仁”所建立的，是“礼”之于“仁”的优先论，扩而言之，是伦理之于道德的优位论。“仁”的主体性是“礼”的实体性的造诣，由“克己复礼”而达致的“天下归仁”，就是伦理与道德同一而建构的社会秩序和社会风尚。“在跟个人现实性的简单同一中，伦理性的东西就表现为这些个人的普遍行为方式，即表现为风尚。”[31]“四勿”的精髓，在精神哲学意义上，是对“伦理性东西”习惯而造就的第二天性，即“活着和现存着的精神”。

仔细考察便发现，《论语》乃至日后儒家精神哲学体系和道德哲学体系有三个基本结构：“礼”——伦理和伦理世界的概念；“仁”——道德和道德世界的概念；“克己”——生活世界中使“礼”与“仁”、伦理与道德辩证互动，建构精神同一性的概念。[32]作为精神哲学的“中国话语”，《论语》中“克己”亦即“修己”，经过孟子“养其大者”推进，在日后的哲学演进中，“修”与“养”复合并重，生成所谓“修养”的理念。于是，“伦理—道德—修养”，便成为“克己复礼为仁”衍生的精神哲学体系的近现代表达。有待追究的是：“克己复礼为仁”是何种精神哲学体系？这种体系为何以“克己”为必然和必要结构？在它所开辟的精神哲学传统中，“克己”的修养具有怎样的精神哲学意义？

无论“礼”还是“仁”，都以人和人的精神为主体，而人内在着两个相反相成的本性：作为自然存在者或作为“单一物”的个别性的“身”；作为实体性存在或作为“普遍物”的“性”。中国文化处理二者关系的精神哲学智慧是“修身养性”。“身”即《论语》所指谓的“己”是单一性，潜在囿于或沦为单一物的危险与可能，因而要不断地“修”。“修”什么？“修”自然单一性或主观个别性。“性”是人的普遍本质或所谓共体，内在于人，但只是善之“端”，潜在被“身”的自然性遮蔽颠覆的危险，因而必须“养”。“身”是人的“小者”，“性”是人的“大者”，“体有贵贱，有小大。……养其大者为大人，养其小者为小人”。[33]修养既是王夫之所说的“身成”与“性成”统一的“成人之道”，也是“单一物与普遍物统一”的精神过程。正因为如此，它不仅是“礼”与“仁”、伦理与道德相互过渡的中介，也是使二者在生活世界中获得统一的精神条件。于是，在孔子开辟的儒家精神哲学传统中，修养也便是一个教养的过程，这种教养不是外在的教化，而是基于性善信念的“欲仁仁至”的自化，是“颠沛必如是，造次必如是”的自强不息的无限进程。在这个进程中，“礼”具有绝对意义。如前所述，孔子言“三十而立”，“立”什么？立于礼。“七十而从心所欲不逾矩”，“矩”是什么？就是“礼”的规范性要求，“从心所欲不逾矩”的境界，就是“礼”

的实体性自由。由此，《论语》建构起了一个从“立于礼”的伦理信念和伦理目标出发，经过自强不息的“仁”的道德努力，达到“从心所欲”于“礼”的绝对自由的精神哲学体系。

无疑，任何精神哲学体系都有伦理与道德两个环节，但是，由于伦理优位或道德优位的取向不同，伦理与道德之间相互过渡、辩证互动的中介便表现出深刻的文化差异。这一中介是诸精神哲学体系、诸民族精神之生态自洽和生态自足所要求的“第三元素”，体现精神哲学与民族精神的性格特征。对以伦理认同为前提的中国传统而言，它是“求诸己”或“克己”的修养；对以道德自由为追求的西方传统而言，它是以伦理合理性批判为前提的公正。据此，我们毋宁将德行论与正义论之争，当作两种精神哲学传统之间的体系性互动，因而只有在体系性对话中才能理解和把握。应当注意的是，无论伦理优位还是道德优位，无论以何种“第三元素”作为二者之间的中介和过渡，都可能内在着某种理论和实践的缺失，精神哲学体系及其研究的意义，在于追求精神世界的整体性和体系性的理论合理性与实践合理性。于是，我们发现，《论语》悬置并追求一个几乎是彼岸性的高远境界：中庸。《论语》中直接讲中庸只有一句：“中庸之为德也，其甚矣乎！民鲜久矣。”[34]但作为一种境界追求，中庸可以说是《论语》的哲学气质。无论是孔子通过对颛孙师与卜商两个弟子比较引出的“过犹不及”的论断[35]，还是因“不得中道而行之”而对“狂狷”的退求[36]，都体现了一种中庸风格。所以，将中庸作为“至德”，毋宁作为“礼”的伦理与“仁”的德行辩证统一的“至境”，它在后来的儒家经典《中庸》中被表述为“天地位，万物育”的道德圆满与伦理实现统一的天人合一境界。[37]

三、“中国气派”与“中国问题”

《论语》对“‘精神’文明”的历史贡献展现为某种逻辑递进：由“精神”而“精神哲学”，由“精神哲学”而“精神哲学形态”。它由“礼”“仁”奠定中国哲学话语的“精神”气质和“精神”原色；由“精神”建构“克己复礼为仁”的“精神哲学”范式；由“精神哲学”范式开辟了延续两千多年的“精神哲学形态”，形成伦理—道德一体、伦理认同优先或伦理优位的精神哲学的“中国气派”。由“精神气质”到“精神哲学”的演进，是“精神”理念的体系化，而由“精神哲学”到“形态”的演进，则标示着《论语》精神哲学不仅具有范型意义，而且开辟和生成了精神哲学的独特传统，赋予精神哲学以“中国形态”，呈现“中国气派”。“克己复礼为仁”的精神哲学范式内在的伦理与道德、个体至善与社会至善矛盾，构成《论语》及其开辟的精神哲学形态的“中国问题”，由于它孕于《论语》并对日后中国精神哲学传统发生基因性影响，因而成为“元中国伦理问题”。

一般认为，传统儒学经过了三期发展，所谓“古儒—官儒—新儒”，在它的历史演进中，《论语》以“礼”“仁”为伦理与道德的总体性话语，以及“克己复礼为仁”的经典范式，对后来中国精神哲学发展产生了深远影响，使其具有一以贯之的“形态”特征和“形态”气派。孔子以“郁郁乎文哉，吾从周”的根源意识和对周礼“损益”规律的把握，解决“礼”的神圣性难题；以对政治制度及统治者的道德诉求，即所谓“仁政”“德治”，解决“礼”的现实性难题；以“亲亲—忠恕—仁道”建构“仁”的道德主体，达致“礼”的伦理认同。由此建立“礼”与“仁”、社会至善与个体至善之间的同一性关系。但是，二者的矛盾始终存在，“克己”既是他的理论着力点，更是他的理论纠结。孟子发现了这一问题，一方面将

“礼”“仁”内涵及其相互关系作了重大推进，将伦理与道德分别展开为君臣、父子、兄弟、朋友、夫妇的“五伦”，以及仁、义、礼、智的“四德”。“五伦”是伦理实体，体现“人伦本于天伦”的家国一体的社会结构原理及其伦理规律；“四德”是体现五伦规律的道德要求及其所建构的道德主体。不难发现，“五伦”与“四德”的关系与《论语》伦理优位的哲学取向一脉相承。在精神哲学意义上，孟子的重要贡献有二。其一，“伦”或人伦理念的进一步自觉。“人之有道也，饱食、暖衣、逸居而无教，则近于禽兽。圣人有忧之，使契为司徒，教以人伦：父子有亲，君臣有义，夫妇有别，长幼有序，朋友有信。”[33]这段经典论断的要义可以概括为：人之有道，教以人伦。在孟子看来，“伦”是有差别的实体，人与人之间关系的合理性完全根源于个别性人与实体性的“伦”的关系的性质，这便是“教以人伦”的真谛。其二，将“义”作为仅次于“仁”的第二德行，以在德行中落实“伦”的差别性和具体性，所谓“居仁由义”“仁以合同”“义以别异”，由此，“礼”与“仁”便因为“义”有了精神上的中介和过渡。为解决“礼”的伦理认同问题，孟子将“礼”直接移植到德行体系中，作为“四德”之一，以此解决“礼”与“仁”的内在同一性问题。在儒学发展史上，孟子将孔子的“礼”—“仁”体系向主观性方向推进，但也因此有潜在动摇“礼”的伦理地位的危险。荀子发现这一问题，建构了以“礼”为核心的道德哲学体系，以突显“礼”的绝对地位。这一努力不能简单地当作孔子体系的异化，毋宁说将孔子的学说向客观性方向发展，形成客观伦理精神体系。但也正因为如此，“礼”便潜在着僵化为“礼教”的可能。以此为过渡，“五伦四德”到董仲舒便逻辑而历史地异化为“三纲五常”。不难发现，“三纲五常”与“五伦四德”存在精神哲学上的一致性。显然，父子、君臣、夫妇是“五伦”伦理世界的主干结构，体现“天伦—人伦—天人之间”的伦理世界的规律。这一异化最应当追问的是：在道德哲学发展中，因何出现“纲—常”思维和“纲—常”取向？为何将“伦”的相对伦理发展为“纲”的绝对伦理？从精神哲学的意义上考察，根本原因在于突显和巩固伦理之于道德的优先地位。“五伦”伦理在向“四德”落实的过程中，可能存在因其相对性而被动摇的危险，于是必须将相对的“伦”固化为绝对的“纲”。这一变化表面上发生在伦理内部，实际上指向伦理与道德之间的关系，根本取向是“五常”服从于“三纲”。至此，“礼”便异化为“礼教”或所谓“名教”。正因为如此，由谭嗣同等人开始的近现代反封建伦理的启蒙运动将矛头首先对准“三纲”而不是“五常”。更值得注意的是，经过汉唐漫长的历史发展，“三纲五常”为何到宋明理学被演绎为“天理人欲”的“新儒学”体系？余敦康先生曾将它解释为“名教之乐”的缺失。孔子“礼”—“仁”体系，不仅是一种内省的精神境界，而且是对现实社会的认同。当内省的道德追求不能导致被认同的社会生活秩序时，或社会生活秩序不能获得道德认同时，伦理与道德之间的冲突便不可避免地发生。宋明“新儒学”将“礼”“仁”的伦理道德要求上升为“天理”，建构起形而上学的伦理整体性，并将与之对立的一切归于“人欲”，通过“存天理，灭人欲”达到伦理与道德的统一，最终建立起伦理优位的绝对精神体系。可见，在“礼”—“仁”—“五伦四德”—“三纲五常”—“天理人欲”诸历史形态之间，存在精神哲学的一致性，这种一致性不仅演绎着某种中国传统，更标示着精神哲学的“中国气派”。这种“中国气派”的要义是：伦理—道德一体、伦理优位，在伦理世界—生活世界—道德世界的辩证互动及其有机生态中建构个体和社会的精神生活和精神世界，也由此诠释和建构伦理道德的理论合理性与实践合理性，形成精神哲学体系。

也许，与西方精神哲学的对话更能映现《论语》所开辟的这一传统的“中国气派”。西方精神哲学传统，经历了从古希腊“伦理”，到中世纪“道德”，到近代“道德哲学”，再到黑格尔精神哲学的历史发展。在古希腊，“伦理”一词最初出现于亚里士多德的《尼可马可伦理学》，其本义是“灵长类生物持久生存的居留地”，“持久生存地”所以需要伦理，是因为它为人的生活提供可靠的空间。由于在人的生活中内在着自由意志和交往行为的矛盾，便产生对行为可靠性的期待，那些恒久自明的被强化的习惯，被称为“德行”，交往行为的可靠空间便是“伦理”，而“善”则是使可靠性得以发生的东西。古希腊的“伦理”在拉丁化历史过程中向“道德”形变。伦理产生于原生的经验，表现为风俗习惯，当它透过教育、惩戒、鼓励得以发扬和传承时，便演变为次生的经验，产生所谓“伦常”，伦常进一步抽象为法则，普遍化为对象性的规范，便形成“道德”。到近代，尤其是到康德哲学，“道德”被进一步抽象化为“道德哲学”，并由此以道德置换伦理，形成道德的强势。在近代哲学中，“道德”转换“伦理”有两大原因：1）对自由意志的痴迷。在古希腊，善是好的习惯和主体间的可靠性，而在近代，善就是自由意志；2）对法则普遍性的痴迷和对伦理相对性的夸大。正因为如此，黑格尔批评康德“完全没有伦理的概念”，对伦理“恣意凌辱”。到黑格尔，才建立起融伦理与道德为一体的精神哲学体系，这一体系在《精神哲学》中得到系统表达。当然，伦理与道德一体的“精神”在黑格尔那里只是精神发展的一个阶段或一种形态，即所谓“客观精神”或社会精神。以上关于西方精神哲学传统的现象学复原可以发现，伦理与道德统一、伦理世界—生活世界—道德世界统一的精神哲学体系在西方经过两千多年历程后到黑格尔才完成，而在《论语》中，这种体系，至少这种精神哲学范式已经诞生，它开辟了贯穿日后两千多年文明的哲学传统，这不能不说是一种“中国气派”——是《论语》，也是精神哲学的“中国气派”，它标示着《论语》，也标示着中国伦理型文化对人类文明的独特贡献。

但是，《论语》“克己复礼为仁”的精神哲学范式，必须逻辑和历史地解决两个问题：“礼”的伦理和伦理实体如何具有合理性与现实性？如何透过“仁”的道德努力进行“礼”的伦理认同，并在此过程中建构和保持伦理—道德的创造性活力？前者是社会的善，后者是个体的善。从理论体系及其历史影响考察，《论语》卓越地解决了第二个问题，对第一个问题虽然孜孜以求，但终难获得彻底的解释和解决。根本原因在于，它以“克己”作为社会善与个体善的同一性建构方式或相互过渡的中介。它给日后中国文明留下一道哲学难题：个体至善是否不仅“应然”而且“必然”导致社会至善？如果缺乏伦理合理性，“克己”的个体至善到底造就社会的善，还是维护和延续社会的恶？内在于《论语》中的个体至善与社会至善的难题，逻辑与历史地表现为两种状况，并导致关于善的两大精神哲学悖论。其一，伦理或伦理实体本身不合理，缺失善的本性。在这种情境下，“克己”的伦理认同和道德努力所导致的现实后果是“道德的人与不道德的社会”[39]，它的极端后果，就是被后来启蒙哲学家所批判的“以礼杀人”。其二，某一种伦理实体，如家庭、社会、国家等，具有内部伦理关系的合理性，但当它们作为“整个的个体”而行动时却缺乏道德合法性，其现实后果是“伦理的实体与不道德的个体”。[40] 客观地说，孔子以及以后的儒家都试图透过精神和制度或道德努力与制度诉求两个层面化解这些难题，但由于它不仅是《论语》和孔子所开创的儒家精神哲学形态中的内在矛盾，也是从一开始就潜在于中国社会、中国文明的历史难题，因而终未能解决。由于《论语》在中国道德哲学和中国道德文明史上的元典地位，也由于它与中国文化的深度切合，在日后的文明演进中，这一“善的悖论”历史地成为“元中国伦理问题”。

由此也可以解释儒、道、佛三位一体的中国传统精神哲学的逻辑结构。中国人的精神结构为何需要儒、道、佛？为什么当儒、道、佛三位一体，形成所谓“理学”时，便标志着中国传统哲学的完成和终结？《论语》开辟的是“求诸己”的伦理优位的精神哲学传统，这种传统在伦理与道德，或内圣与外王、道德与幸福“亲和”的境遇中，具有一定的合理性和现实性，难题在于，在这个前提不存在的条件下，如何透过“求诸己”而保持伦理认同？于是，儒家伦理就逻辑和历史地需要道家伦理和佛家伦理的互补。《论语》所倡导的，是“明知不可为之而为之”的道德上的自强不息，追求“内圣外王之道”；当人生不如意，内圣不能外王时，个体如何安身立命？道家提供了“明知不可为之而安之若命”的“退”的智慧；当社会混乱、人生绝望时，佛家“空”的智慧，可以作为最后的避难所。于是，儒、道、佛三位一体，便形成一种以儒家为主体、道家佛家为两翼的自给自足的精神结构，它进退互补，刚柔相济，使中国人无论在任何境遇下都不致丧失安身立命的精神基地。儒、道、佛三位一体之所以自给自足，是因为它不仅提供了道德与现实一致的正常环境中，而且提供了道德与现实冲突的非常环境中，如何保持伦理认同的精神构造。这种三维结构的精神重心是“克己”，其要义用笛卡儿的话表述，就是“只求改变自己的欲望，不求改变世界的秩序”。[41]需要指出的是，这种构造具有十分重要的精神哲学意义，因为，“在现存伦理状态中，当它的各种关系已经得到充分发展和实现的时候，真正的德只有在非常环境中以及在那些关系的冲突中，才有地位并获得实现”。[42]

诚然，任何道德哲学体系乃至道德文明都存在个体至善与社会至善的矛盾，但由于伦理优位与道德优位的精神哲学取向和精神哲学形态不同，“善”的矛盾的主要方面和表达形式也迥然不同。《论语》所开辟的伦理优位的精神哲学传统的善的矛盾或悖论的表达方式是：个体至善是否一定导致社会至善？或者说，个体至善是否需要伦理至善的前提？也许，在道德优位的另一种传统中，这一矛盾的呈现方式是：社会公正是否一定导致善的个体？或者说，社会至善是否需要个体至善的条件？个体至善与社会至善之所以成为“元中国伦理问题”，根本原因在于生活世界的伦理现实。在精神哲学体系中，使伦理世界与道德世界相互过渡、互为中介的，是生活世界，只有在生活世界中，伦理与道德、伦理世界与道德世界才现实地统一。伦理在生活世界中的现象形态，是公共权力与社会财富。权力的公共性、财富的普遍性，是生活世界中伦理存在的现实基础和精神条件，一旦这个基础和条件缺失，生活世界的伦理便在事实上消解。值此之际，以伦理优位为前提的“求诸己”的道德努力，虽然一定程度上可能造就圣人，但也会维护和延续不合理的社会秩序。客观地说，《论语》不失甚至富于批判精神。它发现并揭示了“礼”“仁”同一、伦理和道德辩证和谐所必须具备的现实条件，所以特别强调“仁政”“修己安人”的权力伦理，以及“不患寡而患不均”的财富伦理。《论语》所提出的道德规范，很多是对为政的德行要求，其着力点直指掌握公共权力的“王者”，将“内圣”作为“外王”的必要条件，至孟子则直接提出“正君心”的诉求。孔子及其儒家好为“王者师”，相当程度上是试图教导甚至教训王者，使之具有和保持为政的德行。《论语》“不患寡而患不均”，长期被曲解为平均主义，实际上这一命题的精神哲学真义，是追求和维护财富的伦理普遍性，使其保持作为伦理存在的本性，在这里，“均”绝不是简单的量的概念，毋宁说是财富的伦理普遍性或财富正义的伦理表达。问题在于，权力公共性和财富普遍性的危机总是客观而深刻地存在，因而伦理与道德之间的紧张总是现实，这种紧张必须透过精神发展和制度批判的双重努力才能实现。虽然孔子及其儒家不懈努力，试图借助政治实现其伦理道德抱负，但最终沦为政治统治的工具。面对权力公共性与财富普遍性难以固持甚至深刻危机的生活世界，“伦理优位”的儒家伦理顽强努力的结果是：造就了一代代的圣人，也维护了一代代的不合理制度。应该说，这是儒家精神哲学的历史悲剧。

注释：

①在西方哲学史上，黑格尔建立了“主观精神—客观精神—绝对精神”的宏大精神哲学体系，其中以伦理道德为结构的“客观精神”与《论语》最具可对话性。黑格尔精神哲学理论集中于三部著作。在亲自完成的第一部著作《精神现象学》中，“精神”的结构是“伦理—教化—道德”；在《精神哲学》中，“客观精神”的基本结构是“抽象法—道德—伦理”；这一结构在他亲自完成的最后一部著作《法哲学原理》中被系统展开。三部书的体系虽有所不同，但自第一部至最后一部著作，以伦理和道德为“精神”或“客观精神”的基本结构则一以贯之。从下文便可发现，这种结构与《论语》正相契合，因而具有很强的可对话性。

②黑格尔:《精神哲学》,杨祖陶译,人民出版社2006年版,第20页。

③黑格尔:《法哲学原理》,范扬、张企泰译,商务印书馆1996年版,第12页。

④黑格尔:《法哲学原理》,范扬、张企泰译,商务印书馆1996年版,第173页。

⑤《论语·为政》。

⑥参见樊浩：《中国伦理精神的历史建构》，江苏人民出版社1992年版，第79页。

⑦《论语·颜渊》。

⑧黑格尔：《精神现象学》，贺麟译，商务印书馆1996年版，下卷第9页。

⑨《论语·学而》。

⑩《论语·季氏》。

⑪《论语·泰伯》。

⑫杜维明:《人性与自我修养》,中国和平出版社1989年版,第14页。

⑬《周易·序卦》。

⑭《论语·颜渊》。

⑮黑格尔:《法哲学原理》,范扬、张企泰译,商务印书馆1996年版,导论第175页。

⑯黑格尔:《法哲学原理》,范扬、张企泰译,商务印书馆1996年版,第112页。

⑰《朱子语类》卷六。

⑱韩愈：《原道》。

⑲韩愈：《原道》。

⑳《论语·述而》。

㉑《论语·里仁》。

㉒黑格尔：《精神现象学》，贺麟译，商务印书馆1996年版，下卷第129页。

㉓黑格尔:《法哲学原理》,范扬、张企泰译,商务印书馆1996年版,第168页。

㉔“因为伦理是一种本性上普遍的东西，所以家庭成员之间的伦理关系不是情感关系而是爱的关系。在这里，我们似乎必须把伦理设定为个别的家庭成员对其作为实体的家庭整体之间的关系，这样，个别家庭成员的行动和现实才能以家庭为目的和内容。”黑格尔：《精神现象学》，贺麟译，商务印书馆1996年版，下卷第8–9页。

㉕黑格尔：《精神现象学》，贺麟译，商务印书馆1996年版，下卷第8页。

㉖黑格尔:《法哲学原理》,范扬、张企泰译,商务印书馆1996年版,第196页。郭齐勇教授曾著文对古今中外伦理与法律史上关于“亲亲相隐”的承认作过历史考证。

㉗《论语·颜渊》。

㉘《朱子语类》卷四十一。

㉙黑格尔:《法哲学原理》,范扬、张企泰译,商务印书馆1996年版,第170页。

㉚《论语·颜渊》。

㉛黑格尔:《法哲学原理》,范扬、张企泰译,商务印书馆1996年版,第170页。

㉜诚然，在日后的中国道德哲学发展中，伦理与道德有不同的话语演进，从孔子的“礼”与“仁”，到孟子的“五伦”与“四德”，

再到汉以后的“三纲五常”，但其哲学本质并无根本性改变，宋儒的“仁包五常”之说，也可视为寻找道德的整体性概念或整体性话语的哲学努力。

㉝《孟子·告子上》。

㉞《论语·雍也》。

㉟《论语·先进》。

㊱《论语·子路》。

㊲在亚里士多德的《尼可马可伦理学》中，同样悬置了“中庸”境界，这可以当作中西方精神哲学跨文化相通的表征。

㊳《孟子·滕文公上》。

㊴这一命题出自霍尔德·尼布尔的《道德的人与不道德的社会》，贵州人民出版社 1998 年版。

㊵参见拙文《伦理的实体与不道德的个体》，《学术月刊》2006 年第 5 期。

㊶北京大学哲学系编译：《十六—十八世纪西欧各国哲学》，商务印书馆 1975 年版，第 146 页。

㊷黑格尔：《法哲学原理》，范扬、张企泰译，商务印书馆 1996 年版，第 169 页。

Can "Benevolent Rule" Be Used as a Universal Governance Strategy to Supplement the "Rule of Law"?

"德政"能作为普世治国方略补充"法治"吗?

杜伦

摘要："德政"（to govern by moral power）产生于中国西周，是儒家传统的治国方略之一。武王牧野一战推翻商朝统治后，为了给自己的新政权辩护，提出了一套"合法性思想"，包括"天命""敬德""保民"。西周统治集团认为，通过"敬德"和"明德"，上可获得"天命"，下可得到老百姓的支持。先秦儒家继续发展了这一思想，比如孔子所说的"为政以德""道之以德"，孟子所说的"以德服人"。"德政"和"礼治"都是"君子治国"的组成部分，理想是"内圣外王"，具体政策是"仁政"，达到人人成善的目的。

本文的主题是："德政"可以作为"法治"的补充。笔者认为，通过治理者自己首先尊法守法的模范作用，可以促进"法治国家"的建设。在没有"德政"思想的西方，笔者从两个方面论证了学习"德政"思想的可能性：一、好榜样的普世现象和功能；二、通过"软实力"建立"权威"，使老百姓"自愿服从"，达到"有效治理"的目的。最后，笔者认为，在全球重建道德规范方面，"德政"也可以是可利用的思想资源。

关键词：德政；法治；榜样；权威；软实力

Abstract: The concept of "to govern by moral power" (dezheng) is a product of China's Western Zhou Dynasty (1046 BC-771 BC), and remains central to the Confucian view of politics. Following his overthrow of the Shang Dynasty, Wu Wang sought to reinforce his authority by appeal to a body of legitimating thought, including the concepts of the mandate of Heaven (tianming), "respect for virtue" (jingde) and "protection of the people" (baomin); Western Zhou rulers believed that "respect for virtue" could grant them access to the Mandate of Heaven and ensure the support of the masses. Pre-Qin Confucianism built on this tradition with the notions of "government by morality" (weizhengyide) and "encouragement to morality" (daozhiyide) as well as the Mencian idea of "persuasion by morality" (yidefuren). Parallel with an emphasis on ritual, dezheng was an integral component of gentlemanly, humane governance.

This paper focuses on the question whether the concept of dezheng can be rehabilitated to supplement the rule of law in modern society. While China still has much to learn about the rule of law in both theory and practice, the West can also learn from the Chinese dezheng tradition in two ways: by learning from the power of concrete examples, and by developing new "soft power" strategies. The dezheng tradition, in short, offers useful resources for addressing questions of contemporary international ethics and governance.

Key Words: to govern by moral power; rule of law; example; authority; soft power

我们今天能聚在一起，讨论世界各文化圈的共存、互利和共享未来，我个人认为，是全球西方的价值体系为主导的一元文化构架的削弱，从而建立多元文化的世界渐渐成为共识的结果。我们今天在此聚会，应验了这个共识。

我们说“多元文化”，也意味着，在承认普世价值的同时，不能忽视不同文化的差别。关键在于通过交流和沟通真正认识对方、理解对方，站在同一个高度，取长补短，相互学习。只有在此基础上，才能真正达到对话的目的，并共建普世价值。

我今天的话题虽然是“德政”和“法治”，不过重点在介绍中国儒家的“德政”思想。

一、为什么应是“德政”，而不是“德治”？

我今天讲的这个儒家传统思想有不同的名称，较多的是“德政”和“德治”。为了讲清楚这个传统的治国方略，我得解释一下我为什么用“德政”，而不是“德治”的概念。同时，也简述“政”和“德”在当时的含义。

首先，“政”和“治”在先秦和先秦以前基本上是单独用的，而且只涉及从上到下的“治理”。换言之，“政”和“治”都不包含今天说的“政治”的方方面面。其中，“政”表示“政权”“政府”“政务”“政事”“政令”“政策”“执政”。关键是要知道，从西周开始，孔子所说的“政者，正也”（to govern means to correct）的理念就开始流行了。《左传》中也有这类思想，比如《左传·桓公二年》“名以制义，义以出礼，礼以体政，政以正民”中的“政以正民”。

再说“德”。到先秦，“德”大概已经有了“道德”（morality）、“德行”（virtuous conduct）、“德性”（moral nature）和“美德”（virtue）等含义。不过，在“德政”思想产生时，主要是“美德”（virtue）的含义，和希腊语“aretē”类似，强调统治者的“杰出”“能干/优秀”等。

我为什么用“德政”呢？为的是强调“德”不是外在于人的，而是贴附在某人，内在于某人的品性、能力和道德感染力。这样，我们可以用英文说“govern by virtue”或“govern by moral power”。这符合孔子说的“为政以德”(《论语·为政》)的意思。如果用“德治”，容易联想到西方“法治”(rule of law)的概念，而且如果译成 rule of virtue，似乎“德”是一种外律的规范。这不符合“德政”的核心意义。

二、“德政”思想起源和“德”在治理中的重要作用

“德政”思想无疑起源于公元前 11 世纪到公元前 771 年的西周。以武王为首的西周统治集团推翻了商纣的统治后，不仅面对被推翻的商朝统治层，也要面对自己找出合法性的理由，为新政权辩护。首先，他们以作为“万民之神”的“天”代替商朝自己的保护神“上帝”。这就是“天命”(mandate of Heaven)论的起源。

和西方中世纪的“王权神授”不同，至上神的“天”把统治权赋予统治者，是有条件的。这个条件就是统治集团成员要有“德”(virtue)。用当时的话说，就是“天命靡常”(《诗经·文王》)和“惟德是辅”(《左传·僖公六年》)。所以，统治者必须“敬德”(to respect their virtue)、“明德”(to light up their virtue)，才能得到和保有“天命”。

同时，至少从意识形态上，西周统治集团也开创了一种新型的统治关系，即“父母官”与“子民”的统治关系。具体而言，统治者被视为“民之父母”，被统治者被视为孩子(“赤子”)。与商朝相比，这无疑是一种历史的进步。统治者不能把被统治者当外人，至少在理论上，不能实行暴力统治。换言之，“德”包含了对被统治者的态度。这个态度叫“保民”(to protect ruled people)，是中国传统的“民本思想”的滥觞。从此，除了“天命”和“敬德”，“保民”也作为重要的范畴进入了中国政治思想和政治哲学。

从史料来看，西周统治集团声称，他们之所以得到“天命”，是因为文王有“德”，“怀保小民”。所以，为了保有“天命”，也即政权的合法性，文王的子嗣必须继续“敬德保民”，“保民”是对天负责的行为。

这样，无论在统治者与主宰神“天”的宗教关系中，还是统治者与老百姓的政治关系中，统治者自身的“德”都是关键。通过自身的“德”，统治者上可通天，得到“天”的辅助，所谓的“敬德配天”；下可达民，得到老百姓的支持。最后，还有一点必须说明，西周统治集团还宣传了“天意反映民意”的思想。这样，就形成了“天”、“君”(天子)和“民”的下述三角关系：

天 / 天意(天意反映民意)→天子：天命　天子→天：敬德配天　天子(君主 / 父母官)→子民：敬德保民　子民→天子：服从　天下：子民 / 民意

最后，为了讲明统治者必须“德政”的含义，还得提一下当时的制度。西周统治集团在提出上述集宗教、政治和伦理于一体的思想外，还建立了中国学者所说的集家(家族)和国于一体的“伦理政治”。具体而言，西周统治集团在“宗法制”基础上建立了通过血缘关系维系的封建制，通过体现不同社会地位和角色关系的“礼乐制度”实行统治。因为家庭和国家关系没有分离，不仅外律的“礼治”，而且“德政”这种治理方式，不仅有社会基础，而且都与人们之间的亲情相关。

三、先秦儒家论“德政”及“德政”思想概要

毫无疑问，儒家继承发展了西周包括“德政”在内的思想。面对春秋以降的社会动荡(“礼崩乐坏”“天下无道”)和社会危机，先秦儒家的目标是重整社会

秩序，重建价值体系。虽然他们的立场和利益与当权者不尽一样，但是，他们仍然（只）从“怎样治理”的角度看问题，认为只有统治层的成员（当权者及其属臣）能像“君子”那样行事，国家才有可能治理得好。具体而言，因为对西周以来传统的也是唯一存在的统治秩序不提出质疑，所以，他们只有可能把注意力放在当政者和治理者的道德水平上，要求他们把成为古代的“圣王”作为目标，提高自己的道德水平，不仅自己成为“君子”，也给老百姓做出榜样。

只有抓住这点，才能准确理解孔子所说的“为政以德，譬如北辰，居其所而众星共之”（《论语·为政》）这句话。译成英文：“He who governs by his moral power is like the north polar star, which remains in its place and all the other stars turn towards it.”这里，孔子强调的并不是“无为而治”，而是统治者的道德感染力。用今天的话说，就是统治者要有“软实力”，能施发“正能量”。

正人必须先正己。季康子问孔子怎样治国，孔子说：“政者，正也，子帅以正，孰敢不正？”（12. 17 颜渊）译成英文：“To govern means to correct. If you can give examples to behave correctly, who will dare not to behave correctly.”他还说：“其身正，不令而行；其身不正，虽令不从。”（13. 6 子路）译成英文：“If the ruler’ s conduct is correct, his policy will be practiced without giving orders. If the ruler’s conduct is not correct, the people will not follow him although he gives orders.”当然，“身正”，即“自己的行为端正”，是有道德内容的。换句话说，至少春秋以降，“德”不仅表达统治者的上通天、下达民的杰出能力，保持了 virtue 的含义，也明显包含了道德内涵，类似英语的 moral 和 morality。

孔子说：“上好礼，则民莫敢不敬；上好义，则民莫敢不服；上好信，则民莫敢不用情。”（《论语·子路》）译成英文：“If rulers love the rites, nobody of the people will dare not to respect them. If rulers love righteousness, nobody of the people will dare not to obey them. If rulers love credibility, nobody of the people will dare not to be honest.”孟子也说：“君仁莫不仁，君义莫不义，君正莫不正；一正君而国定矣。”（Mengzi 7. 20）译成英文：“If the ruler is benevolent ren, nobody of the people will not be human ren. If the ruler is righteous, nobody of the people will not be righteous. If the ruler can be moved to behave correctly, there will be peace in the country.”换言之，“德政”，不仅要求治理者本身有“德”，其治理目的是“以德化民”（to convert the ruled people through virtue），让被治理者成为善人。用牟宗三的话说，就是“德化的治道”（the way to govern means of moral perfection）。治理者必须先自己“正德”（to have built his own correct morality），以达到被治理者的“德行的觉醒”（to bring ruled people to aware of their own moral nature）。

不过我认为，“德化的治道”还包括“礼治”，“礼仪”的“礼”，“治理”的“治”。英文既可以译成“to rule by rites”，也可以译成“rule of rites”。孔子说：“道之以政，齐之以刑，民免而无耻；道之以德，齐之以礼，有耻且格。”（Lunyu 2. 3）英文可以译成：“If the ruled people are led by decrees and held in order by punishment, they may try to avoid the punishment and don’t have sense of shame; if the ruled people are led by virtue and held in order by rites, they will have sense of shame and behave correctly.”

“德政”和“礼治”都是“君子治国”的内容。其理想目标或状态就是中国人常说的“内圣外王”。冯友兰用英文翻译这句话时，为此创造了两个词：

"sageliness within and kingliness without"，并解释说："That is to say, in his inner sageliness, he accomplishes spiritual cultivation; in his kingliness without, he functions in society."我认为，也可以译为："To have built himself the highest morality like sage, in order to rule by moral power like king of the world."

"四书"之一的《大学》开头句说："大学之道，在明明德，在亲民，在止于至善。"英文可以译成："What the Great Learning teaches, is to illustrate illustrious virtue, to make new humans from the ruled people and to rest in the highest goodness.""德政"根植于儒家特有的宗教观和"人本性善"的人文观。只有相信"人本性善"，而且这个"善心"来自至上神的"天"，"德政"才有意义（sense）和可能。《中庸》的开头句："天命之谓性，率性之谓道，修道之谓教。"英文可以译成："Was the Heaven for the humans has determined is called their good nature. To follow this good nature is called the right way. To build this right way is called the education.""内圣外王"可以用孟子的"仁政"（to govern by benevolence）具体实现，包括"爱民"[to love ruled people（like their own children）]、"富民"（to help ruled people to be rich）和"教民"（to teach ruled people how to behave morally）。其中，其先决条件是爱民，最终使老百姓"发自内心地支持和自愿地服从"。

而"爱民"的核心就是"仁"。"由先秦儒家所倡导的仁政，往往期望君主的仁爱之心自上而下地发散和扩充，强调统治者自身的道德修养，并希望统治者将自身修养推而广之到社会政治生活层面。"

孟子坚信："三代之得天下也以仁，其失天下也以不仁。"（《孟子·离娄上》）自身做到"仁"，施行"仁政"，就能使老百姓"发自内心地支持和自愿地服从"。这里我再引用《孟子》。第一，孟子曰："桀纣之失天下也，失其民也。失其民者，失其心也。得天下有道：得其民，斯得天下矣。得其民有道：得其心，斯得民矣。得其心有道：所欲与之聚之，所恶勿施尔也。"（《孟子·离娄上》）第二，孟子曰："以力服人者，非心服也，力不赡也；以德服人者，中心悦而诚服也，如七十子之服孔子也。"（《孟子·公孙丑上》）英译文："If the rulers force the ruled people to obey them, they （the ruled people） would obey them, not because they were confident that it is right to obey, but because they don't have enough power to resist. If the rulers bring the ruled people to obey them by moral power, they would be filled of pleasure and obey them really, just like the pupils of Confucius obey him."

四、"德政"能作为普世的治国方略补充"法治"吗?

我能想象，儒家的"德政"思想对西方学者肯定比较陌生，其中的一些价值观也很难被认同，比如"爱民如子""教化""内圣外王"等等。我也认为，中西方确实有着完全不同的价值体系，我这里没时间讨论。我们至少可以断定，也许至少从古希腊（雅典）开始，西方政治哲学就不像先秦儒家那样，把"治理"的成效维系于君主个人的道德能力，所以没有类似儒家"德政"的系统思想。比如德国政治哲学家赫斯勒（Vittorio G. Hösle）写了一本题为《道德与政治》（*Moral und Politik*）（正文达一千一百多页）的论著，从古到今，检讨了"道德"与"政治"这两个主题的方方面面，也说到中国。可是，即使在这里，包括讨论柏拉图常常被译成《理想国》或《国家篇》（*Politeia*）中的"哲学王"，也没发现类似"德政"的思想。柏拉图认为，"让哲学家做王便是要使政治权力和哲学智慧结合在一起"。我想，正因为西方没有类似的思想，"德政"

也许是西方可以向儒家学习的东西，同时对“法治”是一种补充。同时，这个互补也适合于中国。

首先，我想简单解释一下我所理解的“法治”（法律的“法”，治理的“治”），英文是“rule of law”，不是“rule by law”（法制），以及为什么我把“德政”视为一种普世的治国方式，并作为“法治”思想的补充。

“法治”是西方传统思想和实践，至少渊源于古希腊、古罗马、古日耳曼和古犹太人。其核心是法和法律高于任何人，法律面前人人平等，这和西方的“契约精神”相辅相成。

我先以中国为例，讲“德政”对“法治”的补充。中国没有“法治”的传统，所以，“法治”思想是中国建立“法治国家”，走向现代化必须学习的东西。这个学习不仅是接受“法治”的理念和培养“法治”意识，更是养成“法治”（人人尊法、守法）的习惯。在这个“学习”过程中，“德政”是不可或缺的。为什么呢？我们说“法和法律高于任何人”，也即“法和法律对任何社会成员有约束力”，并不是说外在于人的“法”本身能对人产生效力，而是说，社会成员对“法”有一般的认可，习惯于尊法、守法，会对不遵“法”的人形成一种实施惩罚（sanction）的压力。我们说“法”有外律的功能，并不是说“法”本身有威力，而是说，社会成员，特别是治理者承认它的权威。这就是孟子所说的“徒法不能以自行”（《孟子·离娄上》）。

放到当代中国，就是：“法治”能否实行，还得靠“德政”，还得从执政者做起。换言之，“政府必须守法”比“公民必须守法”更重要。一来，执政者不能有意无意地认为“法”是给别人制定的，把自己置于“法”之外；二来，执政者本身首先尊重“法”的严肃性，而不是把自己制定的法“当儿戏”。最理想的是，能让自觉遵守“法”这个社会规则成为一种美德（virtue），并对支撑“法”的有效性的道德价值形成基本共识。

再说西方。我至少可以从三个方面论证我的命题。

第一，孔子说：“君子之德风，小人之德草。草上之风必偃。”（《论语·颜渊》）我想，这里的“君子”，因为是从治理的角度讲的，所以是指既有德又有位的执政者；而“小人”呢，是指“老百姓”。把孔子所指的“君子”的范围扩大化，并引用到今天，我们可以说：社会精英（包括政治精英、经济精英、文化精英）对一般人有影响力，是一种普遍的社会现象。即使是在像美国这样的国家，也存在美国学者卢克斯所说的“精英支配无权无势的民众”的现象，更不用说民主被视为“在政治体系中精英成员之间为争取正式的领导地位而进行有限的与和平的竞争”了。这种“影响力”实际就是“榜样”，无论是好榜样还是坏榜样。当然，按“德政”的思想，社会精英必须是“道德模范”，起“好榜样”。按前文提到的德国政治哲学家赫斯勒的观点，“个人的风范显著比最完善的理性理由更能激起他人的道德行为”。

如果社会精英起了“坏榜样”，将败坏社会道德，造成比环境污染更大的损害。先秦儒家早就认识到这个真理。孔子说：“如有不由礼而在位者，则以为殃。”（《孔子家语·礼运第三十二》）孟子也说：“是以惟仁者宜在高位。不仁而在高位，是播其恶于众也。”（《孟子·离娄上》）以我的看法，就是“坏榜样”造成的损害是社会风气的污染，这是最大的环境污染。

第二，我从“有效治理”和“自愿服从”的角度论证。前者涉及治理者，后者涉及老百姓。刚才说到的美国学者卢克斯，他在其论著《权力——一种激进的观点》（*Power: A Radical View*）中认为要从三个维度考察“权力”（power）。其讨论的中心是“如何获得对支配的心甘情愿的顺从”。实际上，这就是把“权力”或者是“强权”变成“权威”(authority)的问题。

不论“权力”有多少维度,其基本含义,我认为是美国学者达尔的“直觉观念”。他说:“A拥有支配B的权力在某种程度上就是他能够使B做某些B否则不会去做的事情。”这和孟子说的“以力服人”意思一样。而“权威”呢,类似孟子说的“以德服人”(《孟子·公孙丑上》)。

带有强迫性的“权力”与基于服从者自愿的“权威”之间的区别,西方学者也不陌生。比如,美国著名政治学家萨陀利(Giovanni Sartori)在他的《民主新论》中引用了联合国教科文组织(UNESCO)对“权威”的定义,把“权威”视为“被认可、尊重、承认和合法的权力”。所以,“自愿服从”涉及“政治合法性”问题。

比如法国启蒙学者卢梭就说:“即使最强大的人也不会强大到永远是主人,如果他不把暴力变成权利,把服从变成义务的话。”“暴力变成权利”是指统治者,“服从变成义务”是指老百姓。

我们可以说,“暴力变成权利”和“服从变成义务”,该统治者就能稳坐江山,该政权就有合法性。德国社会学家韦伯在讨论“统治合法性”的时候,对权力和统治做了如下区别。他说:“权力意味着在一个社会关系中使自己的意愿即使遭到反抗也能得到实现”;而“统治(也就是权威)是基于(老百姓的)不同的服从动机”。“任何真正的统治关系都包含(被统治者)至少微小的服从愿望,也就是说服从的外在和内在的利益。”

我想,韦伯把“(合法)统治”等同于“权威”,是强调“统治”和“权威”虽然都是政治过程中从上到下的“治理”关系,但同时又是双向的,统治者之所以有“权力”,不仅是因为他们有更多的能力、资源和更高的社会地位,也是因为被统治者的自愿。当然,只有当这种自愿不仅仅是因为被统治者自己可以(从这种关系中)得到好处,而是因为整个社会,也即统治者和被统治者分享共同的价值,因为被统治者认同统治者所代表的道德规范和政治目标。

那么,“德政”与这种“自愿服从”有什么关系呢?也许我们可以先通过美国学者约瑟夫·奈(Joseph S. Nye)的“软实力”的概念解释。约瑟夫·奈把“软实力”定义为“魅力型权力”(attractive power),即通过自己的魅力得到自己想要的东西的能力。这种能力有三种资源:一、[给社会创造“意义”(sense)的价值观和实践的]“文化”;二、“政治价值”;三、(和其他国家有共同价值和分享利益的)“外交”。约瑟夫·奈虽然讲的是国家之间的关系,但是,我们可以把“软实力”应用到统治关系,把治理者的“修养”对应于“软实力”中的“文化”,把治理者的“道德观”对应于“软实力”中的“政治价值”,把“富民”“教民”的“执政能力”对应于“软实力”中的“外交”。无论是“修养”,还是“道德观”和“执政能力”,都包含在儒家“德政”思想的“德”中。因为,“德政”思想中的“德”,既有“美德”(virtue),也有“道德”(morality)的含义,治理者和老百姓最终分享共同的价值和利益,本身就是“德政”的基础和“教化”的目的。

诚然,西方政治哲学是建立在个体主义(individualism)之上的。具体而言,国家和共同体最终是为个人服务的。比如,古希腊哲学家认为,“人以追求他的幸福为目标”,国家存在的意义是为了使人过幸福的生活。西方的“自由”、“平等”(同样)、“法治”和“民主”都与这个目的相关。而儒家的“德政”呢,属于“伦理政治”的一部分,目的是基于人“天生的善心”,通过培养社会成员间的感情关系,达到人人成“善人”,老百姓“安居乐业”,国家“长治久安”的目的。

回到“自愿服从”的问题，卢克斯认为：“权力具有第三种维度”，即统治者“获得自愿服从者对支配的同意”。我的印象是，“自愿服从”这点上，似乎西方有与中国不同的进路或实践。西方的进路隐含着权力关系中社会规范和既定法律制度可以塑造个人价值观，从而起到了让被治理者无形中的“自愿服从”作用。法国哲学家福柯代表比较激进的观点。按他的观点，“权力渗透到社会生活的方方面面”，“权力是‘借助于’（through）个人而不是‘反对’（against）他们，也即违背他们的意愿，来起作用的”，因为“权力生产出‘服从者’，铸造了他们的特性并且使他们‘标准化’”。德国社会学家卢曼在其“通过程序合法化”（Legitimität durch Verfahren）论述中也讲了类似的观点。这也许可以视为典型的“法治”治理的结果。这里，被权力和制度“塑造”，并不必须通过被治理者和治理者间建立个人关系。

显而易见，儒家“德政”和这种“法治”的进路以及西方文化中的“理性”思维不同。因为“德政”更注重建立在“以身作则”基础上的“道德感染力”，侧重建立和培养被治理者和治理者之间的个人感情关系。这样，“自愿服从”既不是服从者的“理性”选择，也不是被权力和制度“塑造”后的结果，而是一种“心悦诚服”。

也许正因为如此，“德政”可以作为“法治”的补充。因为“法治”和“德政”的基础都是社会中既定和存在的道德规范，如果培养公民的道德都是治理的目的之一，那为什么不能在“法治”的同时，也通过“德政”达到这个目的呢？特别是在企业、学校、医院这类小范围的机构中，人与人反正常常有直接的联系，为什么不能不仅仅通过外律的规范，也通过治理者和被治理者之间的感情关系来达到“自愿服从”的目的呢？

第三，我从道德规范重建的角度讲。目前的西方世界，伦理上的“个体主义”，思维方式上的“建构主义”（constructivism）常常走向极端，科学上的客观真理的“相对性”和善恶判断的相对性，加上宗教上由于“宗教私人化”，致使伦理道德的社会整合功能减弱。同时，除了经济上拜金主义和功利主义，政治上民粹主义也日益明显。

这一切，只靠“法治”（rule of law）和“法制”（rule by law），似乎不能很好解决，还得重振道德和道德在社会整合和“有效治理”方面的功能。这里，社会精英和各级治理者本身必须有相应的道德自觉，以身作则，成为道德风范，就是关键。而中国儒家的“德政”思想肯定能提供思想资源。

英国哲学家罗素写道：“哲学家既是果也是因。他们是他们时代社会环境以及政治与制度的结果；如果他们幸运的话，他们可能是塑造后来时代的政治和制度信仰的原因。”[Philosophers are both effects and causes: effects of their social circumstances and of the politics and institutions of their time; causes（if they are fortunate） of beliefs which mould the politics and institutions of later time.]

今天，来自世界各地的学者和同人能聚在一起，讨论世界各文化圈的共存、互利和共享未来，是世界文化多元化的结果。我真诚希望，这类论坛也会是指导未来的发展，塑造“多元文化世界”的“原因”。同时，我也指出，在我们的世界上，即使没有很多执政者施行“德政”，但是，也不能证明“德政”不是一种普世的治国方略。

Rule of Filiality and Social Autonomy—Take *Filial Piety* as an Example

孝治与社会自治（初稿）*

——以《孝经》为例

方朝晖

摘要：本文从市民社会的角度探讨儒家孝治思想的现代意义。现代社会与古代社会的最大差别，是在家庭和国家之间出现了一个不是基于血缘关系纽带的巨大空间，即市民社会，由经济实体、社会团体和公共领域等构成。市民社会的自治和理性化是现代社会健康发展的基本条件。古典儒家修、齐、治、平的个人成长设计，由于在家和国之间缺少“社会”这个环节而面临挑战。本文分析认为，《孝经》主张基于人的尊严、遵循人的天性、顺应人民自生自发的需求等孝治思想与现代市民社会自治与理性化的思路一致，可以转化为促进行业及社会自治的重要资源。从黑格尔、涂尔干重视从宗教、道德、习俗等传统资源来实现市民社会自我管理这一思路看，儒家确实正名分、敦风俗、立规矩、树传统的治道思想，同样有助于今天中国市民社会的自治与理性化发展。

关键词：孝治；市民社会；行业自治；社会自治

Abstract: This paper explores the significance of Confucian views of filial piety in modern times from the perspective of civil society. This giant space between families and states, composed of diverse economic and social actors, effectively distinguishes modern societies from their ancient counterparts. The autonomy and rationalization of civil society, indeed, is the basic condition of the healthy development of modern society. This paper argues that the classic of *Filial Piety* is based on a principle of human dignity which is guided by human nature, complies with the need of people to cultivate themselves, and is compatible with the trends towards autonomy and rationalization

* 本文为清华大学自主科研计划·文化传承创新专项《儒家治道及其当代意义研究》(编号2017THWWH02)课题成果。

of modern civil society. Parallel to the approaches of Hegel and Durkheim, which emphasize the realization of civil society autonomy via traditional resources such as religions, morality and convention, Confucian ideas of government that focus on rectifying names and positions, civilizing conventions, establishing rules and building traditions can also contribute to the development of civil society autonomy.

Key Words: filial piety; civil society; industry autonomy; civil society autonomy

一、引言：市民社会问题

经过一百多年艰难困苦的现代化改造，过去以小农经济为主、以宗法制度为主体的中国社会结构发生了天翻地覆的变化，与此相应的是在经济、法律、学术、文化、教育制度等一系列方面中国社会都已经像是一个“现代社会”。与鸦片战争时的中国相比，今日中国社会结构的主要特征是，过去以血缘纽带或宗法关系为基础的社会结构已经基本上被非血缘的、根据私人需要而组织起来的社会关系所代替；人与人之间的社会结合主要是根据共同兴趣和职业发展需要来决定，而不是由家族或血缘的纽带所决定；社会分工的高度发达，不仅给人们提供了更多的就业机会，而且也使得人们更倾向于把职业追求当作实现个人人生潜能和价值的主要途径；公共领域代替了私人领域（由互联网、大众传媒、出版机构、结社集会等组成的公共舆论领域，是现代市民社会的有机组成部分）。

不少学者论述了改革开放以来中国市民社会的发展，说明了自从“文革”结束以来中国出现了“小政府、大社会”现象。这一切，似乎都可以看成是中国市民社会已经发展起来的证据。市民社会研究之所以成为 20 世纪 90 年代中国学术界的一个重要热点，绝不是出于单纯的学术兴趣，而是现实关怀的产物，其基本思路是：市场经济的发展将有可能导致中国出现一个类似西方早期市民社会那样的社会空间，这个空间不仅独立于任何可能的政治及意识形态而存在，而且终将会反过来以市民阶层的力量推动现实政治及社会结构的改造。①

那么，当代中国究竟有没有市民社会呢？这涉及“市民社会”一词的含义问题。一般认为，市民社会（拉丁文写作 civilis societas，其中 societas 是协会、结社、联盟的意思）一词最早出现于 14 世纪的欧洲，其含义可以追溯到亚里士多德、西塞罗有关城市文明共同体的概念②，从洛克、亚当·福格森、卢梭、康德到黑格尔、马克思、葛兰西、哈贝马斯、普特南等，直到 20 世纪 70 年代以来东欧市民社会运动③，市民社会概念的含义有一个漫长的演变和发展过程。④大体来说，我认为 17 世纪末 18 世纪初形成的现代市民社会，本是指欧洲中世纪以来从封建束缚和血缘纽带中走出来的自由民（bourgeois，包括商人、手工业者、自由民或第三等级等）所构成的社会，它的最大特点有二：一是超出了血缘关系纽带，二是与国家相对区分。⑤至于市民社会的主要成分，我认为主要有三个：

一是经济实体。它指市场经济或现代社会生产关系的主体成分，黑格尔称之为“私人利益的体系”，马克思称其为“私人利益关系的总和”。⑥今天看来，它应当包括学校、媒体、出版社等一切作为生产关系一部分的实体单位在内，即涂尔干所谓的法人单位（corporations）。

二是公民团体。即所谓associations，或称civil associations，或称自愿团体（voluntary groups）[7]，包括非政府组织（NGOs）。中文泛称为公民结社。这类团体多半不是出于个人经济利益或职业生涯规划而建立，而代表某种共同兴趣、需求或信仰的群体，往往伴随政治动机（比如影响国家政策）。信仰团体如宗教机构也应纳入此范畴。

三是公共领域。从早期的咖啡屋、报刊媒体到现在的互联网（包括Google, Yahoo, Facebook, YouTube，微博和微信，等等），从中发展出来的体现大众意见的公共舆论空间，是公共领域的主要成分。[8]

本文把一切超出血缘关系之外的非政治性的组织、机构、单位、团体、协会等实体从总体上称为市民社会。比如现代中国的公司、企业、学校、出版社、媒体、社会团体等皆属于我所谓市民社会范围，不管它们是不是国有的。我之所以采用这样一种宽泛的定义，一方面是因为本文基于古代中国与当代中国在社会结构上的巨大差异来研究未来中国社会的方向；另一方面是因为，我认为不能把自由主义的市民社会概念当作不容置疑的前提预设来研究中国。

不过，本文采用的市民社会概念与西方流行用法的重要区别在于，后者把一切政府建立的组织或机构排除在市民社会之外。这种将国家与市民社会的界限划得一清二楚的做法，与欧洲近代的历史事实相符，但不符合中国的国情。对于中国来说，有大量组织或机构，包括国有企业、公立学校、官办组织（如文化协会、出版社、新闻媒体等）可能具有深厚的官方背景，但同时其职能又表现出强烈的非政治性。

一方面，这些组织或机构虽然由政府投资、在政治思想领域受控于政府，但是另一方面，它们长期以来与政府或政治国家之间都存在矛盾和张力，这种张力反映了它们对于自身内在价值和独立性的追求。事实上，政府也不得不承认它们并不完全为了政治目的而存在。在改革开放几十年中，也有过多次官方推动的让它们与政府脱钩，但实际上无法做到，体现了中国的特殊国情。

此外，把国有单位纳入中国市民社会范畴中来，还因为就各行业自身的特性而言，它们本质上是非政治性的，这些单位终究是围绕着自身的目的而存在的。从长远眼光看，这些单位最终的或未来正确的方向绝不是为围绕政治目的而存在或发展，而是回到自身的目的和自治的轨道上来，这就具有典型的市民社会成员特点。比如中国大多数的学校（包括大、中、小学等）都是公立的，但是这不等于这些学校不应当把教书育人当作根本任务，这个任务本质上是非政治性的。又比如中国目前大多数医院也是国有性质的，但不等于这些医院的根本任务不是治病救人，这个任务本质上是非政治性的。其他大量的国有企业或国有单位也是如此。

我曾专门论证，鉴于中国的国情，中国市民社会不能走西方市民社会的道路，特别是以国家与社会相对立，以私人产权、自由市场、宪政法治、代议制政府等为市民社会的基本标志。[9]因此，如果采取西方的或自由主义的市民社会定义，将完全私有产权、宪政法治、民选政府等作为市民社会的基本前提，不仅一开始就要断定当代中国没有市民社会或有但极其弱小，而且同时也预设了未来中国如果要发展市民社会，就只能走西方自由主义的道路。

还有一种狭义的市民社会定义，把市民社会主要等同于“非政府组织”（NGOs），或公民结社（associations或civil assoiations）。[10]本文不采用这种定义（并不否认非政府组织为市民社会的重要组成部分），一方面基于历史事实的考虑，另一方面也是因为本文关切的重心在于从总体上考虑中国社会未来的发展方向。非政府组织在中国目前虽数量众多，但毕竟不是当代中国社会的主体成分。作为改革开放以后才逐渐兴起的组织，它们的自我组织、管理水平以及规模实力均远不能与各类企业、公司、学校、出版社、媒体等组织或机构相提并论。事实上，能代表未来中国社会发展方向的主导力量应该不是所谓的非政府组织，而是各类企业、公司、学校、媒体、出版社等。我将试图说明：各类企业、公司、学校、出版社、媒体等法人单位实体的自治与理性化发展，才是当代中国最值得关切的问题之一。

本文的主要目的是，以《孝经》为例，探讨儒学与当代中国市民社会发展的关系。

二、市民社会兴起对儒学的挑战[11]

爱德华·希尔斯（Eward Shils）指出，孔子所构想的政治秩序并不包含市民社会。儒家也没有在与家庭和国家相区别的意义上，作为一种制度和活动方式之集合体的市民社会概念。[12]

从今天的角度看，我们必须承认，儒家学说中根本没有“（市民）社会”这一概念，所以“齐家、治国、平天下”的个人修身阶梯从“家”直接跳到了“国”，中间没有“社会”这一环。人们可能因此认为也许儒家的内圣概念可以与现代人相接，但是外王方面就有问题了。真的这样吗？在回答这个问题之前，我们先来讨论一下市民社会的兴起对儒学的挑战。

1. 社会结构的转换

（1）现代人生活在市民社会中，家庭的细胞化，政治成为一门特定的职业，政治对社会的主宰作用不再像古代那么大等一系列现实表明，现代人在价值追求中不可能再把“治国、平天下”当作自己的主要事业，因为现代人多半是生活在特定行业和职业中的人，他们读书、做学问，不应当也不可能以治理国家乃至于管理天下事务为首务。即使从政，在现代社会也只是众多职业中的一个，而不具有在价值上高于其他一切职业的特殊的崇高性。然而，现代人不从政不等于没有“外王”理想。现代人的外王理想体现在他们所追求的个人职业中及由其职业行为所体现的事业追求，不过这种“外王”带有现代社会分工的特征。既然是职业化行为，就不一定是为了家或国。

（2）社会空间的迅速分化、劳动分工的高度专门化，以及物质财富的大大丰富，使得人们选择一项职业、追求一门事业从过去压倒一切的求生需要以及与此相应的责任感和使命感，转到以满足人的兴趣爱好、促进人的潜能和创造力的发挥、体现人的自由本性、实现人的全面发展这一方向上来。因此这个时代最大的“道德”无疑是为人们自由进行这样一种事业追求提供必要的条件，其中最基本的条件就是让每一个社会空间和职业按照自己的内在逻辑来运作，而不受来自任何一种政治或其他势力的干预。也就是说，现代公民在“外王”方面应从过去的“齐家、治国、平天下”转变到社会空间的理性化以及行业的自治和发展上来。

（3）现代人不仅仍然生活在家庭中，而且主要生活在职业化的追求之中，他们在道德方面的主要问题必定来自如何处理职业行为与人性价值的关系，来自如何在具体的职业化的追求中赢得人性的尊严与价值。在这样一种情况下，人们在外在行为方面最大的道德理想之一应当是把握“职业的神圣感与尊严”，而不是“尊王”“大一统”“君臣父子之道”等一类价值规范，尽管人伦关系仍是当代中国人生活中所不可回避的重要问题。

从上述角度看，《大学》八条目中的外王部分，“治国”“平天下”这两个条目的内容都面临着重大调整。也许今天的儒家应当将“外王”从“治国”改为“治业”了。如果说在古代，“齐家、治国、平天下”对于几乎每一个有知识、有文化且有良知的人来说是一种使命的话，那么对于现代人来说，他们在“外王”方面的主要困境是如何选择真正适合于发挥潜能的职业（亦可称之为“事业”）。我们应该认识到，现代社会空间的高度发达，职业门类的空前分化，为人们选择适合于发挥自己潜能和创造力的行业提供了无比广阔的空间，因此一个现代公民的事业追求（或称职业追求）不应当单纯是为了谋生，而应当同时出于人性自由的需要。也就是说，在“外王”方面，现代人基本上是通过特定的职业来成就自己的人生的。除了极少部分例外，一个现代人不管如何聪明、如何天才，都往往要通过特定的职业来实现自己的人生价值。像古人那样以治国、平天下为所有人共同的最高事业的思维，在今天无疑已经过时。

2. 政府角色的变化

现代社会空间的一个重要特征就是，几乎所有的社会单位都不可能封闭自足。首先，这些社会单位彼此之间的关系大大增强，时刻处在极为密切的相互影响中。比如一所学校需要同时跟供电局、供水公司、煤气公司、建筑公司、房地产管理局等几个甚至几十个其他的社会单位打交道，少了哪一个环节，学校都无法正常运转。这种无比密切的交互影响是古代根本没有的。

其次，这些社会单位对公共管理部分（政府部门）的依赖性空前加强，再也不像农耕时代的主要经济单位——家庭那样可以一辈子不跟政府部门打交道而安然无事：菜市场需要派出所随时来保证它的安全，商店需要治安部门来保证它不被抢劫，建筑公司必须按照政府的统一规划来建房子，所有的单位都必须跟水、电、气等部门打交道。结果是，由于各社会单位、部门之间的矛盾、纠纷出现的概率大大增加，有大量的事情需要政府部门来仲裁或统一规划。

这一切都充分表明社会对政府的管理职能要求大大提高了，与此同时对政府的合法性要求也大大增强了。这就是涂尔干所说的那个事实：现代社会是有机型社会，而传统社会是机械型社会，在现代社会中社会整合（social solidarity）的程度空前加强。

假如我们把市民社会（civil society）理解为现代社会里一切超出血缘纽带之外、出于非政治目的建立的——不管它们是不是由政府投资建立并实施管理的——一切组织或机构[比如学校、公司/企业（包括国有企业）、协会或团体、宗教组织等，但不是政府职能部门]，那么可以说，尽管现代市民社会对政府的依赖性很强，与此同时又必然要求在经营方式上保持独立性。事实上每一个不同的社会空间都有自己独立的运作逻辑，这些运作逻辑是政府所应当保护的，而决不能随意干扰和破坏。由于政府和社会之间的关系太密切，政府的一个小小的动作即可能对社会造成大面积的影响，引起社会的强烈反响。在这种情况下，过去那种孤立、分散的小民和官府之间的对抗就变成了有组织的社会空间和政府之间的对抗，而社会决不允许政府随意按照自己的意愿胡作非为。现代市民社会向政府的主要要求包括透明度、决策程序的理性化、政府官员的素质、政府官员的产生程序……今日社会的发展趋势必然是社会和政府的互动代替了过去政府自身的单向自律。

在这种情况下，政府在整个国家、社会及个人所构成的整体中的位置就发生了一个根本的变化，即从凌驾于一切可能社会空间之上的万民之主的地位，变成了社会的服务机构、社会的服务员。但是由于政府客观上是相互倾轧中的不同社会空间的仲裁者和协调者，而且必须主导整个社会的建设，因而拥有相当特殊的权力，也很容易利用市民社会的内部混乱（特别是在社会自身还缺乏自治能力的时候）来谋取个人或部门利益，从而滥用职权、贪污腐化等。跟现代社会相比，古代政府凌驾于社会（严格说那时现代意义上的“社会”还不成型，这里指一切非政治领域）似乎比现代要严重得多，然而那时社会在经济上自给自足的程度比较高，交通、通信的不发达，新闻传播手段的缺乏，使得政府的手并不能真正伸进社会的每个角落。只是在现代，政府对个人、对私生活、对社会的干预才可能达到空前绝后，甚至无孔不入的地步。这正是我们在20世纪中国所曾看到和体验过的。

今天的社会较之于古代所发生的改变还在于：（1）有了独立的社会空间，也就是有了市民社会，包括市民社会的最重要成分——公共领域（由大众传媒、各种文化传播途径以及各种可能的非私人的舆论空间构成），对政府的制约能力大大增强了。以社会机体的力量与政治抗衡，毕竟比以个人或家庭的力量对抗政府要强得多。（2）社会价值以及国家合法性基础的最高解释权不再是国家而变成是社会了，更准确地说是公共领域讨论的产物或社会精英的共识。

3. 社会空间自治和理性化的必要性

从现代政治发展的特点看，真正推动政治朝向合理化方向发展的力量是社会而不是政治自身。相对于市民社会，民主、法治等社会制度好比是漂浮在市民社会汪洋大海中的小舟，反而处于相对次要的位置。因此，社会空间能否健全有效地发展自身，就成为影响政治及制度发展方向的决定性力量之一。同时，社会空间自身能否理性地自组织起来，是决定它能不能有效地对抗政府的关键所在。当政治家们通过权谋、交易手段欺骗大众时，只有有效地组织起来的社会团体才有力量与之抗衡。如果社会本身是一盘散沙，那么独裁者或军阀就有胆量凌驾于社会之上为所欲为。在中国文化中，这一点尤其突出。无疑，在建设中国现代化的过程中，社会空间的自治和理性化是比政治民主化与法治化等制度建设更为基本的任务（当然二者要同时进行）。所谓“社会空间（或行业）的独立、自治与理性化”，至少包括：（1）各个社会空间（或各行业）需要确立自己的基本价值理念，以发挥人的潜能与创造力，实现每一个人的自由、价值与幸福为宗旨，也就是说，社会空间有自己独立的价值目标。

（2）社会空间（或各行业）的自治。即各社会空间形成自己的运作规范和内部管理模式，并在政府的监督下逐渐产生自我约束和自我调整的能力。

（3）社会空间（或各行业）的理性化。我在这里借用它来指社会空间不仅有自我约束、自我管理的能力，而且能够一方面在内部通过任人唯贤等方式来形成良好的行业风气，让各行业、各单位成为人们能够安身立命的乐园（可以新中国成立前的清华、北大为教育行业之例）；另一方面，在外部，各社会空间能够积极有效地与其他空间及政治之间良性互动，而不是恶性竞争。[13]

上述三个要素决定了在现代社会条件下，政府只是社会的监督者和管理者，非但不能垄断各行业的社会资源，而且也不以政治需要为准绳来规定社会空间或行业的发展方向和方式。

三、黑格尔、涂尔干等对社会/行业自治的认识

按照戈兰·海登（Goran. Hyden）的观点，托克维尔（Alexis de Tocqueville，1805—1859）早在19世纪上叶就重视市民社会的自治或自我管理问题。他对国家权力和大众暴政（the tyranny of the majority）这两种相反的力量都不放心，把市民社会特别是其中的社会组织（associations）当成反对这两种危险的最强大屏障。基于对法国大革命教训的反思，他认为“由自

我管理的社会组织构成的积极的市民社会”能够对公民进行教育。市民社会“可影响权力的分配，并为公民直接参与公共事务提供机制”。⑭

在《法哲学原理》中，黑格尔（G. W. F. Hegel，1770—1831）也谈到市民社会如何自治和自我管理的问题，尤其体现在他对“同业公会”的重视上。黑格尔认为，由于市民社会的成员每个人都带着“特殊利益的自私目的”，需要通过同业公会而使其自私目的获得普遍性。⑮通过加入同业公会，每个成员“属于一个整体，而这种整体本身是普遍社会的一个环节，又他有志并致力于这种整体的无私目的……因此，他在他的等级中具有他应有的尊严”⑯。“只有在同业公会中，正直才获得其真实的承认和光荣。”⑰同业公会“是作为成员的第二个家庭而出现的”，对其成员有自我教育和管理的职能，因此同业公会不仅保护成员的财富和权利，也会要求成员的技能和德行。⑱也因如此，同业公会乃是“工商业的伦理化”，并让后者“获得了力量和尊严”。⑲黑格尔将同业公会与旧式行会区别开来，因为后者陷入了自我服务，没有“自觉的能思考的伦理”，所以没有力量和尊严。结论是，“婚姻的神圣性和同业公会的尊严性是市民社会的无组织分子所围绕着转的两个环节”⑳。“同业公会局限的和有限的目的，在自在自为的普遍目的及其绝对的现实中，具有它的真理性。”㉑

现代社会学的奠基人之一埃米尔·涂尔干（Emile Durkheim, 1858—1917）尤其重视市民社会的自治与自我管理，并作过非常精彩的论述。不过他与托克维尔等的不同之处在于，他是以现实的法人单位（corporations，中译本译为“法人团体”）而不是自愿性社团（associations）为探讨对象，更加贴近于本文中的“市民社会”之义。另一方面，涂尔干并不是从自由主义立场，而是从传统道德如何重建这一角度来看市民社会的自治和自我管理问题。本文将涂尔干所说的市民社会的自我管理称为市民社会的理性化。下面我们重点介绍一下涂尔干在《社会分工论》第二版序言中对于市民社会的自治和理性化的看法。

涂尔干主要讲述在大工业兴起彻底冲破了传统道德规范的情况下如何重建社会道德的问题——这也正是前文所谓市民社会（包括各行业）的自治和理性化问题，他认为希望在于通过“法人团体”[每个法人团体代表一个“职业群体（professional group）”]来承担起社会道德规范的使命，不过法人团体不能再像罗马和中世纪时期那样局限于城镇和地方性的习惯（这是它在大工业时代被摒弃的主要原因），而应扩展为全国性的、不受地域限制的职业群体。毫无疑问，涂尔干所谓的“法人团体”和“职业群体”，属于前面所说的市民社会之典型而主要的成分。

涂尔干对法人团体在未来社会中的重要性给予了极高的评价：

> 我们甚至可以合理地假定，法人团体将来会变成一种基础，一种政治组织的本质基础。……难道我们真的不能合理地预想到，法人团体在未来也会相应地发生变化，成为国家的基本划分形式，成为基本的政治单位吗？社会也将不会是今天这个样子，即由大片土地合并而成的聚居地，它将成为一种由国家法人团体所构成庞大体系。……如果证实了国家为了认清自身，需要由各种职业组合而成这个问题的话，它同时难道不也承认了职业组织（the organised profession）和法人团体（the corporation）将会变成公共生活的主要机构这个事实吗？㉒

既然法人团体已成为现代社会的主力军，那么它对整个社会的道德面貌也有着不可估量的影响。他批评有些人误解了法人团体的“真实本性”，不了解法人团体“在我们整个的集体生活中所占的地位”[23]，指出：

> 我们之所以认为它［指法人团体——引者注］是必不可少的，并不在于它促进了经济的发展，而在于它对道德所产生的切实影响。在职业群体里，我们尤其能够看到一种道德力量，它遏止了个人利己主义的膨胀，培植了劳动者对团结互助的极大热情，防止了工业和商业关系中强权法则的肆意横行。[24]

一方面，在传统社会，社会的主要经济单位是家庭，而家庭也确实承担起了确立社会道德规范的任务；但是另一方面，现代社会是在冲破了传统社会结构的基础上诞生的，社会主要经济单位不可能再是家庭，法人团体和职业群体才是现代社会最主要的组成部分，也是其中最基本的经济单位。因而，必须认为法人团体乃是现代社会最重要的基石，法人团体和职业群体理应担负起为现代社会建构道德规范的主要任务：

> 在过去，家庭负有着制定道德和法律准则的责任……我们已经讨论过，在罗马和中世纪时期，法人团体是怎样产生相同的需要，同时又是怎样满足这些需要的。而对于未来的法人团体来说，则要发挥更强大、更复杂的作用，因为它的范围扩大了。……我们必须确认互助双方之间的团结感，确认精神和道德之间的同质性，这正是职业相同的人们最容易做到的。[25]

在现代社会早期即中世纪，法人团体确曾以行会的方式确立道德规范，包括引入家庭道德模式（祖先崇拜、公共宴饮等活动）也建立行为规矩。但可惜到了大工业时代，行业模式由于其自身的局限无法适应而被无情淘汰。

最早的人类群体是家庭，人们由此而发展家庭生活的道德规范。家庭至今仍然是人类道德的最重要来源之一。但是后来随着人们走出家庭、进入社会，原来的家庭道德就不够了。一方面，法人团体仍然因袭，特别是开始时期因袭着家庭道德模式；另一方面，它也不得不发展出新的道德模式。家庭成员与法人团体都代表人类共同体，不过前者以血缘关系为基础，后者以职业关系为基础。随着分工的不断分化，“职业生活在我们生活中的地位也显得越来越重要……尤其在家庭失去了它以前的统一的和不可分的性质以后，同时也失去了自己绝大部分的效力”[26]。虽然一开始，法人团体是按照家族模式塑造出来的，仿佛不过是家族模式的一种新的、扩大了的形式；考虑到过去的家族也有集体经济活动和职能分工，法人团体也许可看成家族的承继者。[27]但是，法人团体是随着贸易的发展，人们走出家门与同行交往，形成城镇及行会后确立的。法人团体的出现，也确立了“一种新的行为方式”，不同于原来家族组织下的行为方式，它代表“一种新的结构”。[28]与在家族环境里需要家族的道德和法规相似，在法人团体里也需要一套职业道德和法规，并行之有效。[29]由于这种道德和法规形成的环境不同于家族，所以内涵与前者既有相似性，也有重要区别。

涂尔干十分重视西方中世纪的行会制度在道德建设方面的积极作用，认为它前期是通过引用家庭道德价值来建构行业行为规范，后来又发展出了新的内容。他强调，法人团体和行业制度是我们时代正常的社会组织结构的基础，因而也是一切秩序的源头。“在我们这个时代的群众组织里，如果不存在任何一种行业制度，那么剩下的便只能是一个真空，这是任何语言都无法形容的。我们目前所缺少的，正是正常的社会生活功能所必需的整个社会机构体系。”[30]

此外，他还提出：

——分工不会造成社会的支离破碎，而有利于社会有机结合和自我调节；但分工也是不够的，一种好的行为模式依赖于“某个群体的权威来维持”，“只有建构完整的社会才能拥有道德和物质的最高地位，它不可避免地要为个人立法，同样，也只有集体构成的道德实体才能凌驾于私人之上”。[31]

——国家或政治社会不能成为社会道德建设的主体，只有职业群体即法人团体来承担。[32]

作者所谓“法人团体”或“职业群体”，与我们以前所讨论的“市民社会”含义相近，或者说是市民社会的主力军，主要指游离于家庭纽带之外的人们出于同样的从业需要而结合起来的实体。作者也指出，中世纪兴起的法人团体乃是资产阶级、第三等级。[33]由上可知，涂尔干对法人团体和职业道德的强调，实际上是在强调一种行业和社会自治思想，而他的重心在于在行业和市民社会内部重建自身的道德。

四、《孝经》中的孝治思想

从涂尔干的观点看，儒家的道德建设虽主要集中于家族、适合于传统社会，但未必不可像罗马时期的家族伦理延伸到行会和工业企业中来。那么，儒家传统有没有可能在原有基础上发展适应现代市民社会或法人团体需要的道德建设途径呢？接下来我打算以《孝经》为例，分析一下儒家孝治思想的精神实质，说明它与现代市民社会自治的要求是否一致。

1.《孝经》结构分析

今本《孝经》共 18 章[31]，其中第 1 章提纲挈领，讲到了本书的主要内容为三个方面：一是至德，二是要道，三是孝行。大体来说，至德指人应有的德行，要道指统治天下应有的方式。如果说至德针对个人，指向内在，那么要道针对天下 / 社会，指向外部。孝行本指个人的行为，在本书中包括事亲、事君、立身这三方面。在《孝经》中，孝行是把至德与要道串联起来的关键因素。即作者认为，一个人的德行是通过孝行建立起来的，在这一建立过程中，个人会自然而然地具备了治理天下的能力。

围绕着上述三个方面，我认为《孝经》的结构大体如下：

（1）第 2—6 章：至德，分别讲述天子、诸侯、卿大夫、士、庶人这五种人应有的德行。

这体现了本书考虑人的身份不同，其所最当具备的品行也有侧重点的不同。这与现代人追求一律平等的思维逻辑不同。因为人的身份不同，角色不同，其需要注意的品德自然有所不同。比如庶人无社会职责，以个人利益为最大追求就无可指责，《孝经》中对庶人品德的要求限于“用天之道，分地之利，谨身节用，以养父母”。相应地，天子职责高于所有人，对其品德要求也最高。《孝经》认为天子应当具备爱、敬两种内在的美德，行为可为全天下效法。其中爱为仁爱，敬为尊长，爱、敬对应于《礼记・大传》中的亲亲和尊尊。“爱敬尽于事亲，而德教加于百姓，刑于四海”为天子之孝。对于诸侯、卿大夫、士的要求分别体现为不骄不溢、效法先王、忠顺事上等，相比之下这些美德就显得比较次要一些，或者可看作是爱、敬这两种美德的自然延伸。除了第 5 章将忠、顺看作爱、敬的自然延伸外，第 3 章诸侯的不骄不溢和第 4 章效法先王，均可看作敬的结果。从另一方面看，这五种人的美德虽有不同，但并非毫无关系，也许可以说后四种人的美德均是天子至德的一部分，即便是庶人之孝也是出于爱亲之意，而天子当为天下最高榜样，故其德行要求最高，其理想状态可称为至德。

（2）第 8、9 章：要道，主要阐述先王理想的治天下之道。其中第 8 章讲孝治，其内容包括“不敢遗小国之臣”，“不敢侮于鳏寡”，“不敢失于臣妾”，故得天下之欢心。即弱小之人皆得其爱，这与孝的关系从后果看是可以更好地事其先王、先君、其亲，从前因看则似乎是因为由孝生出的爱心。第9章讲圣治，以周公为典范，其内容包括“德义可尊，作事可法，容止可观，进退可度，以临其民”，这种至德的效果是“其民畏而爱之，则而象之”，所以能实现大治。这显然是把至德与要道直接关联起来，即在圣人那里，这两者是完全不分的。所以《孝经》也代表了一种内圣以实现外王的立场。进一步看，圣治章还强调了圣王的至德是通过孝行体现的。“昔者周公郊祀后稷以配天，宗祀文王于明堂，以配上帝”，可见圣人之德无加于孝。所以在圣人这里，孝行、至德与要道三者也都是不分的。

（3）第10、11、15、17、18章：孝行。第10章讲述孝行的具体内容，包括事亲、事君、立身三方面。其中孝子事亲的几个方面是：居、养、病、丧、祭。同时强调孝亲远不限于这些对亲人的直接行为，而同时包括居上不骄、为上不乱、在丑不争。第11章强调了不孝之罪。第15、17章讲述孝子事亲、事君过程中谏诤的重要。第18章讲述亲丧之礼。

（4）第7、12、13、14、16章，深入阐明孝行、至德、要道这三者之间内在贯通的逻辑，而在第16章达到高潮。其中第7章概述孝之所以可以实现治，是因为这样做是“则天之明，因地之利，以顺天下”。第12章说明通过孝、悌可使人民相亲相爱、相互礼顺。第12、13章都说明统治者要以身作则，率先行孝，敬天下之人父、人兄、人君；“所敬者寡而悦者众”，为顺民之道。第16章强调明王亲身行孝，感天动地，鬼佑神助，故上下皆治，无所不通。“事父孝，故事天明；事母孝，故事地察；长幼顺，故上下治。”“通于神明，光于四海”，所以东西南北无思不服。

2.《孝经》中的孝治思想

综观《孝经》全书，可以发现，《孝经》的主旨并不在于通常意义上的孝敬亲人，而在于让统治者如何通过孝行建立至德，明白要道，从而实现天下大治，故被有的人称为儒家孝思想中的“孝治派”[35]。所以“治”的问题才反映《孝经》的核心。其中有如下几个重要思想值得关注：

（1）强调孝合乎人的天性。“天地之性人为贵”，“父子之道，天性也”。（第9章）合乎人的天性的孝行还包括谏诤，“故当不义，则子不可以不争于父，臣不可以不争于君”（第15章），“进思尽忠，退思补过，将顺其美，匡救其恶”（第17章），唯此方能使上下相亲，人人和悦。

（2）圣人之治可以“不肃而成、不严而治”。这使人想起《中庸》讲君子“不见而章，不动而变，无为而成”，“不赏而民劝，不怒而民威于斧钺”，“笃恭而天下平”等说法。令人不禁要问的是，为什么圣人或明王之治有如此神奇的功效？我想原因有三：

一是因为圣王之治敬重天下所有人，即所谓“敬其父则子悦，敬其兄则弟悦，敬其君则臣悦，敬一人而千万人悦”（第12章）；“教以孝，所以敬天下之为人父者也；教以悌，所以敬天下之为人兄者也；教以臣，所以敬天下之为人君者也”（第13章）。

二是因为圣人教人行孝，合乎人的天性。“不爱其亲而爱他人者，谓之悖德；不敬其亲而敬他人者，谓之悖礼。以顺则逆，民无则焉。”（第9章）“夫孝，天之经也，地之义也，民之行也。天地之经，而民是则之。则天之明，因地之利，以顺天下。是以其教不肃而成，其政不严而治。”（第7章）

三是因为圣王并非诉诸说教，而是以身作则，让人心悦诚服。所谓“先之以博爱”“陈之以德义”“先之以敬让”“导之以礼乐”“示之以好恶”（第7章），“言思可道，行思可乐。德义可尊，作事可法。容止可观，进退可度，以临其民。是以其民畏而爱之，则而象之”

（第9章），“因严以教敬，因亲以教爱”（第9章），故“周公郊祀后稷以配天，宗祀文王于明堂，以配上帝。是以四海之内，各以其职来祭”（第9章）。

这里要注意的是，“教”是《孝经》中的重要概念，在本书中并不同于今人所谓学校教育、书本教育，而主要是指人君或统治者率先垂范以示人。第7章“先王见教之可以化民也，是故先之……陈之……先之……导之……示之……”这段话，是对“教”最好的阐释，后面第9章以来多次反复出现的“教”，都是这个含义。

《孝经》这种孝行、至德、要道相连的思想，在其他诸多儒家经典中同样得到反映。比如《中庸》讲舜、武王、周公大孝或达孝，“善继人之志，善述人之事”，“敬其所尊，爱其所亲，事死如事生，事亡如事存，孝之至也”。最后讲“圣人之道”，“苟不至德，至道不凝焉”。正因为圣人“聪明圣知达天德”，故能“经纶天下之大经，立天下之大本，知天地之化育”。

3. 孝治思想的现代意义

现在，我们也许可以分析一下《孝经》中的孝治思想。首先我想说明，儒家的孝治思想在逻辑上与前文所述行业及社会自治思想是完全一致的。换言之，如果古典儒家生活在今天，他们一定主张行业及社会的自治。原因如下：

（1）《孝经》中孝治思想的一个理论基础是敬重全天下人，即让每个人的尊严获得保障。它假定如果统治者让人们普遍获得了尊严，社会自然会安定下来。这是倡导孝治的主要原因之一，“教以孝，所以敬天下之为人父者也。教以悌，所以敬天下之为人兄者也。教以臣，所以敬天下之为人君者也”（第13章）。“敬其父则子悦，敬其兄则弟悦，敬其君则臣悦，敬一人而千万人悦。所敬者寡而悦者众，此之谓要道也”（第12章）。《孝经》第2章强调了爱、敬为天子统治天下的基本德行，“敬”字在全书中共出现了23次。如果说孝悌是在家族生活中体现对人的敬重的主要方式，那么尊重行业价值、推动行业自治也许是在法人团体或市民社会中体现对人敬重的主要方式。由于过去人们主要生活在家庭、家族及君臣关系中，所以敬重的最好体现是行礼，核心在于行孝。今天人们主要生活在家庭、行业及单位中，其受到敬重的方式不仅包括推行孝道，而且应当包括其行业逻辑受到尊重。如果行业的逻辑受不到尊重，人们被要求按照政治或其他外在需要来行事，违背其行业的内在需要，这是一种现代的霸道政治。

（2）《孝经》中孝治思想的另一理论基础是合乎人的天性的生活方式。“天地之性人为贵。人之行莫大于孝，孝莫大于严父”，“父子之道，天性也，君臣之义也”。“不爱其亲而爱他人者，谓之悖德；不敬其亲而敬他人者，谓之悖礼。”（第9章）这些话充分体现了作者认为孝亲是因为合乎人的天性，才被称为“天之经、地之义、人之行”；而孝正因为合乎人性，才会成为“顺民之大者”（第13章），“圣人之教”之所以能“不肃而成，不严而治”，因为“其所因者本也”（第9章）。从今天的需要来看，人的天性除了在爱敬亲人，还包括发挥个人的潜能，自由从事自己喜欢的职业，还包括自由地思想和行为。这是现代社会区别于古代社会的最重要的方面。从这个角度说，行业及社会的自治是合乎人的天性的现代生活方式。

由上可以理解，“孝治”背后蕴含着家族自治的逻辑，这一逻辑可自然延伸为社会自治和行业自治。《孝经》虽未明言家族自治，但从其尊重人的天性、基于人的尊严、顺应民的需求、令千万人悦的思想可以看出，家族自治是孝道的必然要求。如果儒家生活在今天，很容易从这一精神出发，主张和要求行业及社会自治。不仅如此，儒家还会重视统治者自身以身作则来推行行业及社会自治。

《史记·曹参世家》记载："惠帝元年……以参为齐丞相……参尽召长老诸生，问所以安集。百姓如齐，故俗诸儒以百数。言人人殊，参未知所定。闻胶西有盖公，善治黄老言，使人厚币请之。既见盖公，盖公为言治道贵清静而民自定，推此类具言之。参于是避正堂，舍盖公焉。其治要用黄老术，故相齐九年，齐国安集，大称贤相。"这则故事讲曹参为相于齐国期间，听盖公"治道贵清静而民自定"之言而成治。盖公之言虽属黄老之术，然而亦可从儒家角度来解读，与《孝经》"不肃而成，不严而治"有一致性，其共同精神是让人民按自性行为，不必人为干扰。宋代大臣王岩叟在《上哲宗论治道贵清静俭约》中言："臣观历代君臣讲治道者多矣，然莫如贵清静而敦俭约。盖天下本无事，因扰之而事多。事多则民劳，民劳则怨；民怨则国家有缓急，虽赏之而不为用。此所以莫如贵清静也。天下之人，所以养生送死者本自足，由夺之而后困，困而后为盗贼。"（〔宋〕赵汝愚编：《宋名臣奏议》卷 3，四库全书本）

"天下本无事，因扰之而事多。""天下之人，所以养生送死者本自足，由夺之而后困，困而后为盗贼。"这说明古人早就认识到，治理之道关键在于顺应人民自身自然而然、自生自发的需求。[36]而这种自生自发的需求，因为符合人民的天性，尊重个人的需要，最容易实现社会安宁和天下大治。这种无为而治的治道思想，即"清静而民自定"的精神，与《孝经》"不肃而成，不严而治"的精神是一致的。从今天的角度看，就是指让人民按照自性组织自己的社会，自治自身的行业。

五、儒家与社会／行业自治

通过《孝经》的孝治思想研究，我想说明：儒学虽然从未正式从理论上涉及过"社会"特别是市民社会，但并不等于它的理论资源对于市民社会来说是完全不相容的。这一研究与爱德华·希尔斯以一种自由主义的市民社会概念为标准来分析儒学中有无市民社会资源是不同的，尽管我们都认为儒学中有与市民社会发展有利的资源。[37]

事实上，在过去几千年的历史中，中国并非完全没有出现过与现代市民社会相类似的东西，而儒学也曾经在其中发挥过积极作用。在中国历史上，儒家不仅一直倡导史学和政治的理性化发展，同样强调学术、家族、地方社会、宗教乃至包括商业在内的百业的自治与理性化。这些思想，正如狄百瑞等所说的那样，在今天非但没有过时，而且极有现实意义。

包弼德（Peter K. Bol）[38]的有关唐宋转型的研究，余英时及许多当代中国学者围绕着儒家伦理与中国商人精神的研究[39]，狄百瑞（William Theodore de Bary，1919—2017）[40]对于中国古代家族自治、村社自治、教育自治的研究，近年来学术界关于中国近代早期公共领域的研究[41]，都可以说证明了行业的自治与理性化，不仅可以从儒家思想中得到有力支持，而且在中国古代社会中也有长久的实践，并不是什么新鲜的现代事物。我曾在有关论著中试图证明，史学乃至政治行业作为一个行业的自治与理性化在中国古代非常发达。[42]

但是另一方面，与西方自由主义传统不同的是，在孔子、孟子等人看来，行业的理性化不是"如何限制国君"这么简单的一件事，而在于一种良好的风尚、传统能否形成，这需要通过人格的典范和一代代人的努力。这体现在孔子的"正名"思想中。从孔子的"正名"思想可以看出，儒家政治思想与西方现代政治思想的一个重大不同，即不是将社会的希望寄托于一套客观、普遍、人人可依的"法"（宪法和法律），而是寄托于一种良好的传统的树立，并通过传统的确立来达到与西方的“法”同样的功效，即对多数普通人的约束：

齐景公问政于孔子。孔子对曰：“君君，臣臣，父父，子子。”（《论语·颜渊》）

子路曰：“卫君待子而为政，子将奚先？”子曰：“必也正名乎！”子路曰：“有是哉，子之迂也！奚其正？”子曰：“野哉，由也！君子于其所不知，盖阙如也。名不正，则言不顺；言不顺，则事不成；事不成，则礼乐不兴；礼乐不兴，则刑罚不中；刑罚不中，则民无所措手足。故君子名之必可言也，言之必可行也。君子于其言，无所苟而已矣。”（《论语·子路》）

子曰：“觚不觚，觚哉！觚哉！”（《论语·雍也》）

“正名”的表面意思，用今天的话来说，就是拥有与自己的职位、角色相符的品质，包括个人的主观素质、职业道德、责任感和能力等。易言之，当官要像当官的样子，当老师要像老师的样子，当学者要像学者的样子，当政治家要像政治家的样子，当法官要像法官的样子，等等。孔子的言论虽然针对政治家而发，但当然也适用于一切行业及社会空间的自我建设。

过去不少人认为，孔子的“正名”思想体现了儒家将希望寄托于一两个人的道德品行，而不是制度，陷于人治而无法治。其实这种看法过于简单化了。孔子的用意不仅在于为君有为君之道、为臣有为臣之道、经商有经商之道、为学有为学之道，而且更重要的是，他认识到多数普通人是需要有制度性的管束的，这个能管束他们、使其言行“合制”的事物不是别的，而是社会风气或行业传统。然而，这样的风气或传统不可能自发地形成，而需要有人来确立。

那么谁有资格来确立呢？答案是只能是贤能之辈，而不可能是普通人。请问，这样的思维逻辑天真吗？孔子显然充分认识到，不能寄希望于普通人的道德自觉，才主张通过俊杰出来引导社会风气，形成行业传统，确立行业规范，从而引导绝大多数不够自觉的人们。他显然知道，好的传统可以一代代传下去，约束无数原本道德境界不高，也不指望其道德境界高的普通人；它还可以经过后人的不断耕耘臻于完善，培养出一代又一代新人。一个社会中固然不可能人人皆是君子，但人品端正、德才兼备的人也是任何时候都有的，关键在于能不能发现并提拔他们；也只有通过这些人，才能实现行业风气的转变和行业传统的确立；通过转变行业风气，确立行业传统，即可让当官的知道当官的样子，为师的知道为师的样子，经商的知道经商的样子，如此等等，这就是“正名”。这也是《孝经》中重视“教”的主要原因。因此，“传统”“风气”和“规范”，与托克维尔所谓“民情”“风俗”甚至宗教功用相近，也与涂尔干所谓的行业道德或职业道德建设性质相同，可以达到与“法”同样的效果。所以“正名”的精神实质并不是“人治”，而是“治人”，或者用今天的话说叫作“收拾人心”，我把它理解为儒家的“行业理性化”思想，它主张通过端正行业风气，引导多数人自觉遵守行业规范，让人们充分认识到如何让自己的道德素质、人格自尊、行为方式等与自己的身份、角色相符，从而形成广泛的约束力。《孟子·梁惠王下》曰：“君子创业垂统，为可继也。”

“正名”思想的真正效果，落脚于行业传统的树立。就政治而言，存在一个优良政治传统的树立问题；就学术而言，存在一个学术传统重建的问题；就商业领域而言，存在一个商业传统重建的问题。在其他所有行业，都同样存在着这样一个传统的重建问题。各行各业莫不存在同样的问题，也就是说各行各业都需要“正名”。行业传统的树立，可以达到规范行业行为的效果，也可以起到端正行业风气的效果。

这些正是儒家在行业和社会自治方面的主要特点，由此很容易理解为什么《孝经》的孝治思想，特别是其重视教化、重视德行、敬畏人心、遵从人性的思想有助于行业和社会的自治和理性化，从而有助于当代中国市民社会的发展。如果我们站在自由主义立场，容易发现《孝经》及儒家的礼治、教化、孝悌、贤能思想与现代市民社会的要求格格不入，从而无法找到理解中国市民社会未来发展方向的正确路径。

六、主要文献

《孝经注疏》，李隆基注、邢昺疏，载阮元校刻，《十三经注疏》（全二册，附校勘记），影印本，北京：中华书局，1980、2003年，第2537-2562页。

《孝经译注》，胡平生译注，北京：中华书局，1996、1999年。

涂尔干著：《社会分工论》，渠东译，北京：生活·读书·新知三联书店，2000年。

余英时：《儒家伦理与商人精神》，桂林：广西师范大学出版社，2004年。

"Symposium: 'Public Sphere' / 'Civil Society' in China?Paradigmatic Issues in Chinese Studies Ⅲ", *Modern China*, Vol. 19, No. 2, Apr., 1993, pp. 107-239.

Bol, Peter, "The Rise of Local History: History, Geography, and Culture in Southern Song and Yuan Wuzhou," *Harvard Journal of Asiatic Studies*, Vol. 61, No. 1 (Jun., 2001), pp. 37-76.

Durkheim, Emile, *The Division of Labour in Society*, with an introduction by Lewis Coser, translated by W. D. Halls, Houndmills, Basingstoke, Hampshire RG21 2XS and London Companies: The Macmillan Press Ltd., 1984.

Shils, Edward, "Reflections on civil society and civility in the Chinese intellectual tradition," in Tu Wei-ming, ed., *Confucian Traditions in East Asian Modernity: Moral Education and Economic Culture in Japan and the Four Mini-Dragons*, Cambridge, Mass.: 1996, pp. 38-71.

De Bary, William Theodore, *Asian Values and Huamn Rights: A Confucian Communitarian Perspective*, Combridge, Mass.: Harvard University Press, 1998.

De Bary, William Theodore, *The Liberal Tradition in China*, Hong Kong: The Chinese University Press & New York: Columbia University Press, 1983.

注释：

①有关当代中国市民社会研究参李熤煜：《当代中国公民社会研究综述》，《北京行政学院学报》2004年第2期，第92-96页；邓正来：《国家与社会：中国市民社会研究》，成都：四川人民出版社，1997年。

②米勒等：《布莱克维尔政治学百科全书》，北京：中国政法大学出版社，1992年，第125页。

③对东欧市民社会较全面的分析研究参Michael Bernhard，"Civil Society and Democratic Transition in East Central Europe," *Political Science Quarterly*, Vol. 108, No. 2 (Summer, 1993), pp. 307-326；简略的概括参Edward Shils, "Reflections on civil society and civility in the Chinese intellectual traditions," in Tu Wei-ming, ed., *Confucian Traditions in East Asian Modernity: Moral Education and Economic Culture in Japan and Four Mini-Dragons*, Cambridge, Mass.: Harvard University Press, 1996, pp. 39-40。

④方朝晖：《市民社会的两个传统及其在现代的汇合》，《中国社会科学》1994年第5期，第82-102页；Larry Ray, "Civil society and the public sphere," *The Wiley-Blackwell Companion to Political Sociology*, first edition, eds. Edwin Amenta, Kate Nash and Alan Scott, Blackwell Publishing Ltd., 2012, pp. 239-244；另参何增科：《市民社会概念的历史演变》，《中国社会科学》1994年第5期，第67-81页；邓正来 & J. C. 亚历山大编：《国家与市民社会：一种社会理论的研究路径》，北京：中央编译出版社，1999年。

⑤我曾论证认为，在西方思想史上，市民社会大体上有两种不同的理解传统：一种传统是把它理解为citoyen（公民）的社会，其典型表述形式是sociétécivile（法）或civil society（英），其含义体现于从西塞罗到洛克、亚当·福格森、卢梭、孟德斯鸠、康德的思想家，

基本上把它理解为出现了城市的文明政治共同体。另一种传统则把它理解为一个由 bourgeois（资产者）构成的社会，其典型表述形式是德文 bürgerliche Gesellschaft，主要由黑格尔和马克思发展出来。参方朝晖：《市民社会的两个传统及其在现代的汇合》，《中国社会科学》1994 年第 5 期，第 82–102 页。

⑥黑格尔：《法哲学原理》，范扬、张企泰译，北京：商务印书馆，1961/1979 年，第 197–252 页；马克思：《论犹太人问题》，《马克思恩格斯全集》中文第 1 版第 1 卷，第 419–451 页或中文第 2 版第 3 卷，第 163–198 页；马克思：《德意志意识形态》，《马克思恩格斯全集》中文第 1 版第 3 卷，第 56–70 页等。

⑦戈兰·海登考察了四个代表性人物的市民社会概念，即洛克、黑格尔、潘恩、托克维尔（在考察黑格尔时连带涉及了马克思和葛兰西），并从政府与社会关系、私人经济利益、公民团体（associational life）这几个不同维度研究市民社会。Goran Hyden, "Civil society, social capital, and development: dissection of a complex discourse," *Studies in Comparative International Development*, April 1997, Vol. 32, No. 1, *Social Science Premium Collection*, pp. 3–30.

⑧公共领域与市民社会的关系参 JürgenHabermas, *The Structural Transformation of the Public Sphere: An Inquiry into a Category of Bourgeois Society*, Thomas Burger, Cambridge Massachusetts: The MIT Press, 1989；较系统、全面、包括当代最新成果的介绍参维基百科英文版"public sphere"词条（https: //en. wikipedia. org/wiki/Public_sphere，2018 年 7 月 10 日上网）。

⑨方朝晖：《对 90 年代市民社会研究的一个反思》，《天津社会科学》1999 年第 5 期，第 19–24 页。

⑩维基百科英文版"civil society"词条，https: //en. wikipedia. org/wiki/Civil_society#cite_note–35。

⑪相关的研究参林安梧：《从"外王"到"内圣"：以"社会公义"论为核心的儒学》，《西南民族学院学报》（哲学社会科学版），总第 22 卷，2001 年 2 月第 2 期，第 1–7 页；马长山：《东亚法治秩序的局限与超越维度》，《中国法学》2003 年第 3 期，第 183–190 页；张舜清：《公民社会与儒家伦理》，《中州学刊》，总第 154 期，2007 年第 4 期，第 130–133 页；等等。

⑫ Edward Shils, "Reflections on civil society and civility in the Chinese intellectual traditions, " p. 46.

⑬"理性化"（rationalization）是韦伯、哈贝马斯常用的词汇，无疑我这里使用的"理性化"一词含义已经与韦伯、哈贝马斯等人有相当大的差别，应该说西方语境中的"理性化"一词具有非人化（impersonal）、规则高于一切、产出最大化等特征，这些均与中国文化精神不合。

⑭ Goran Hyden, "Civil society, social capital, and development: dissection of a complex discourse, " *Studies in Comparative International Development*, April 1997, Vol. 32, No. 1, *Social Science Premium Collection*, pp. 6–7. 方按：托克维尔在《美国的民主》中似乎并未见使用市民社会一词，但在讨论多数暴政和民主共和制度的保障时，确实大量涉及了市民社会成分的作用，认为"在市民社会中，中立的媒体舆论、自由的新闻、独立的报刊、自由结社、志愿组织、宗教、法学精神和理论都能对政治国家的权利产生牵制作用"［张婧，丁社教：《从托克维尔到哈贝马斯——探寻市民社会的特征》，《西安建筑科技大学学报》（社会科学版），第 33 卷第 4 期，2014 年 8 月，第 33 页］托克维尔比较明确、具体地论述了市民社会牵制作用包括法律家群体、宗教团体、民情、市镇等因素。托克维尔相关言论参氏著：《论美国的民主》，董果良译，北京：商务印书馆，1966/1997 年版，第 301–367 页。中文论述参张婧、丁社教：《从托克维尔到哈贝马斯——探寻市民社会的特征》，《西安建筑科技大学学报》（社会科学版），第 33 卷第 4 期，2014 年 8 月，第 31–35 页。

⑮黑格尔：《法哲学原理》，第 248 页。

⑯黑格尔：《法哲学原理》，第 249–250 页。

⑰黑格尔：《法哲学原理》，第 250 页。

⑱黑格尔：《法哲学原理》，第 249 页。

⑲ ⑳黑格尔：《法哲学原理》，第 251 页。

㉑黑格尔：《法哲学原理》，第 252 页。

㉒涂尔干著：《社会分工论》，渠东译，北京：生活·读书·新知三联书店，2000 年版，《社会分工论》前言第 39 页。英文是引者据英文版另加的。

㉓《社会分工论》，前言第 41 页。

㉔《社会分工论》，前言第 22 页。

㉕《社会分工论》，前言第 38 页。

㉖㉗《社会分工论》，前言第 29 页。

㉘㉙《社会分工论》，前言第 30 页。

㉚《社会分工论》，前言第 41 页。

㉛《社会分工论》，前言第 16–17 页。

㉜《社会分工论》，前言第 17 页。

㉝《社会分工论》，前言第 34 页。

㉞本文所用为今文《孝经》唐明皇本。应该说，唐明皇本今文《孝经》

虽有个别改经之处，但也是往往参照古文《孝经》而作，个别改动其实是使原文更加通顺。此处不论。关于唐明皇本与今文《孝经》其他版本的差异描述，参陈璧生：《孝经学史》，上海：华东师范大学出版社，2015年，第214–229页。《孝经》今古文差异不大，除了极个别字句，主要是古文本多出《闺门》一章。关于《孝经》的作者、版本、今古文等复杂问题，参刘增光：《晚明〈孝经〉学研究》，上海：上海古籍出版社，2015年，第35–83页。

㉟参黄开国：《论儒家的孝道学派——兼论儒家孝道派与孝治派的区别》，《哲学研究》2003年第3期，第46–52页。

㊱《宋史全文》亦记载宋高宗曾言："大抵治道贵清静，人君不生事，则天下自然受福。"（《宋史全文·宋高宗十四中》，绍兴十五年秋七月己巳条，四库全书本）

㊲ Edward Shils, "Reflections on civil society and civility in the Chinese intellectual traditions," pp. 38–71.

㊳包弼德：《唐宋巨大历史变迁的现代意义：对nation观念的重新思考》，http://www.yannan.cn/data/detail.php?id=2293，上网日期：2004年4月30日；Peter Bol, "The Rise of Local History: History, Geography, and Culture in Southern Song and Yuan Wuzhou," *Harvard Journal of Asiatic Studies*, Vol. 61，No. 1（Jun., 2001），pp. 37–76。

㊴余英时：《儒家伦理与商人精神》，沈志佳编，桂林：广西师范大学出版社，2004年；章颖颖：《略论儒家伦理与明清之际社会转型——以山西商人为个案的研究》，《同济大学学报》（社会科学版），第15卷第6期，2004年12月，第39–46页（此文以明清山西商人为例讨论韦伯新教伦理与资本主义关系的命题）；唐琼：《从町人思想看儒学在日本近代化中的功效》，《中共四川省委党校学报》，2006年9月第3期，第102–105页（该文论述了町人阶层从儒家义利观中如何吸取有利于商业的精神）。

㊵ W. T. De Bary, *Asian Values and Human Rights: A Confucian Communitarian Perspective,* Combridge, Mass.: Harvard University Press, 1998.

㊶英语世界学者关于中国早期市民社会的部分讨论参看"Symposium: 'Public Sphere' / 'Civil Society' in China？ Paradigmatic Issues in Chinese Studies Ⅲ," *Modern China*, Vol. 19, No. 2, Apr., 1993, pp. 107–239.

㊷方朝晖：《文明的毁灭与新生：儒学与中国现代性研究》，北京：中国人民大学出版社，2011年，第186–203页。

From Cultural Pluralism and Civilization Metamorphosis to Future Sharing

从文化多元和文明蜕变到未来共享

亚历山大·丘马科夫

摘要：全球化进程席卷社会生活所有方面，我们需要一种关于历史、文化、文明的新视域。从人类整体立场出发，观察文化和文明等现象，讨论世界性的文化（例如世界文化遗产）的行为具备合理性。通过相同立场进一步讨论全球文明即世界社会制度的技术或组织和结构，同样合理。如何克服社会经济落后和提高大部分人的生活质量显然是现代性所面临的最为尖锐的问题。不解决这些问题，就不可能建立全球文明。但更重要也更为困难的任务是，为那些掉队的人提供新的思维方式和相应的世界观。

关键词：文化多元；人类整体立场；克服经济落后；提供新世界观

Abstract: At the time that the globalization process sweeps across all aspects of social life, we need a new perspective on history, culture and civilization to observe the phenomena of culture and civilization from the overall human standpoint, and discuss the rationality of the behavior of world-wide culture (such as the world cultural heritage). It is equally reasonable to further discuss the technology or organization and structure of global civilization, that is, the world social system through the same position. How to overcome social and economic backwardness and improve the quality of life for the majority of the population is clearly the most acute problem modernity has to face. Without solving these problems, it is impossible to build a global civilization. However, the more important and more difficult task is to provide those falling behind with a new way of thinking and a corresponding world view.

Key Words: cultural diversity; human overall position; overcoming economic backwardness;

providing a new world view

前言

在20世纪开始的全球化浪潮影响下，人类最终走向了全球化，国际社会粗放型发展的所有契机也随之消失，此后，我们的社会生活最终成为全球现象。显然，我们应当对这一新现象进行适当的分类。在20世纪，文化和（后来的）文明路径看似对描述新的现实最为实用。但在当时，其中任何一者都无法孤立地描绘出当代全球化的世界图景。

如今，当全球化进程席卷社会生活的所有方面时，我们需要一种关于历史、文化、文明的新视域，尤其是一种文化—文明的复合视域，其中文明是一元的，文化却是多元的。这一复合视域并非唯一的可能进路，却能够使我们将注意力集中在任何社会文化以及文明的发展上。此外，我们还应强调，文化多样性和文明发展的一般模式使每个社会机体都呈现为一个独特的、不可重复的文化—文明复合系统。

国际社会的全球维度

首先我需要指出，关于人类的一切事件与关联，最初都局限于当地语境中，之后扩展至区域性语境，直至航海大发现时代，它们才开始了全球化进程。文明地方化、区域化直至全球化的进程，与全球文明的形成是并行不悖的。不过，即使是从长远的角度来看，这种进程的展开也不必然意味着国际社会将无条件地达成一种社会文化统一体。人们通常只能谈论那些存在于国际社会体系主要原理之互动中的普遍统一与普遍联系。至于普遍一致性，它从未存在于人类历史中，也没有任何证据表明它可能会出现。首先，人类生存的自然环境的无穷差异性在很多方面都预设了日常生活与人类行为可能模式的多样性。其次，就其天性而言，人类是多面性、矛盾性的存在，在其多面性创造活动中具有完全不可预测性。

同时，人类应当解决一个基础性难题：在支离破碎、相互冲突的世界当中，全球危机不断加深。在这一生存环境当中，我们如何实现世界共同体的可持续发展，而非苟且偷生？如何实现环境的整体演进——没有它我们就难以设想人类的未来？人们最终能否真正为一切生物，而不仅仅是人类自身负起责任？显然，脱离文化—文明复合语境来回答这样的问题是不可能的。而罔顾这一事实，即当今的多样性世界已然成为一个全球性的整体系统，也同样不可能对这些问题进行适当解答。①

不断增长的相互依存性与共同参与解决问题的共识，都加剧了关于这一参与程度以及各方对于局势恶化责任轻重的争论。此外，当今世界仍然由众多独立国家构成，随着全球化的加深，冲突的持续激化将不可避免。同时，不同国家之间生活水准和社会经济发展水平的鸿沟也在逐渐深化。这一事实严重阻碍了民主化进程，而未来全球性公民社会的形成必然是克服碎片化、建立一体化世界的结果。

然而，人类别无选择。因此，为了守护文明，我们不仅要对地球这一共同家园负责，还应当对每个个体的命运负责。在这个不同文化与文明相互交织的全球化的世界中，全球性的宏观问题，乃至被排除于主流之外的个体与国家，都蕴含着巨大风险。我们无法确定这样的社会是否会成为现实，也同样无法确定人类是否能从理解统一到实现统一，是否能最终在保存不同群体的民族国家身份差异的同时开创一个开放的世界社会体系——或者至少向民主化进程迈出坚定的一步。这取决于众多因素，包括对文化与文明诸现象的正确理解。

文化和文明的统一性和多样性

文化和文明是各社会系统相对全面地表达其内在和外在境况的最重要特征。在某种程度上，文化象征着社会肌体本身，处于某种文化当中的人们凭借其代代相传的文化遗产，发展出其自身的独特性。早在古罗马时期，文化的概念已经产生，这是因为当时人们认为有必要区分自然本身与经过人为改造的自然。

文化（culture）这一概念（包括精神文化和物质文化）的出现为阐明个人或社会整体的创造性活动的各种样态提供了可能。到了现代，海量创造性活动的成果赋予了文化这个词过于丰富甚至超过其承载力的意涵，一个与文化紧密联系的新术语“文明”（civilization）应运而生。它使人们能够将注意力集中在社会关系和技术发展水平上。此前表达状态、过程、联系的文化概念，则将其重心转移到状态一项；而此前同样趋向于描述状态、过程、联系的文明概念，如今则更侧重于描述联系。

因此，文化在很大程度上是一种反映其本质的社会内部特征，而文明则是一种形式，是文化的外部框架，它从社会的治理模式、功能网络、社会关联层方面来表征社会。同时，文化和文明这两个概念具备同一个主旨，却有着不同的任务，因为它们从不同的角度反映和描述着同一社会现实。

这意味着文化能够外在于文明，而文明却并不能外在于文化。当文明由于某种原因脱离了文化，它就会变得非道德，并丧失其人文内容和人情味。

同样重要的是，文明只能在历史上发展起来的完整文化基础上出现和再造，这些文化包括各种地方性的、中小规模的文化和亚文化。一个社会中的文明网络和内部联系越强，文化、公民社会、民主和公民自由的发展水平就越高。这一点可以从以下事实得到证实。20世纪中期，西方达到了足够高的民主发展水平，自由的价值得到肯认，建立在不同价值基础上的殖民制度迅速崩溃。与此同时，从殖民依赖性中解放出来的国家大多陷入了野蛮政权的统治。这说明文明与文化相比更是人类存在的一个外部层面。此外，历史经验表明，如果在某种文化尚未得到适当发展却遭受巨大压力的情况下引入文明，反而会导致这些文化的衰落和退化。这一现象通常被现代西方社会所忽略，因此，正如杜维明教授指出的：“自认为启蒙者的现代西方文明，在昌盛发展的同时，也伴随着对世界其他文明的征服、霸权和奴役。”②

整体文明构成中的根源与趋势

为了展现文化与文明中真正的统一性和多样性，我们应当破除关于多种文明的神话，因为它阻止我们把历史理解为一个整体进程，当我们站在全人类的立场来观察这一进程，这种整体性就体现得非常明显。③这并不意味着从离散视角观察历史进程是不合理或者是没有价值的，然而，我们观察的对象是历史中相对不重要的细节。当这些细节被不断地有意集中，它就无法反映社会发展的一般趋势，或不同社会制度下文明进程的相似性。当然，这种对文明及历史的碎片化视角最终将导致我们失去对全球化进程线索的把控。然而，当今我们有充分的基础去讨论不同社会的共同文明特征，对每一个文化发展到一定成熟程度的国家而言，这些特征迟早会走向显性。

在我看来，社会发展规划的目的不仅在于文化，更在于未来将要实现的文明。当然，这并不会打断自然的历史进程。例如，当一个尚未步入文明发展进程的社会受到某种外部冲击时，它也获得了较其自然进程更快进行发展的机会。由于这种外部冲击的存在，即使是已经开启文明进程却尚未取得任何实质性成果的社会，也可以沿着这条道路大幅加快其发展进程。但要理解人类整体文明的本质，我们则需要考虑两种不同的进路。其一认为文明曾经在某个特定的地方诞生，之后再像九头蛇一样，将触角伸向四周。与此同时，它逐渐吞噬其他较不发达的文明，或将其特定的规范和原则移植到这些文明当中。这种观点认为，没有先进文明的干涉，其他社会就永远不会走上文明发展的道路，这显然难以服众。

另一种进路则全然不同于第一种，它大致符合现实，强调整体文明不是从一个中心发展起来的，而是在其自身的时空进程中随处可见的。正如池塘里长满了百合，只要满足了一定条件，百合就会盛开于池塘的各个角落。最终，这些在水面上自发生长的花叶（独立的点）将融汇成为覆盖整个湖面的绿毯。一个终将与世界接轨的完整而普遍的文明，其展开方式正是如此。

因此，在全球化进程的影响下，人类也走向了全球化，同时也在分立的区域和地方层面保持着相对的自主性和自足性。如今，我们有必要通过社会肌体的多样性和相互联系来把握其统一性。通过相互重叠的文化和文明概念的棱镜来观察全球人类，我们可以更好地看到大中之小和小中之大、逻辑性必然中的偶然和偶然中的逻辑性必然、一般性中的特殊性和特殊性中的一般性、隐匿中的可见和可见中的隐匿等基本现象，这对于理解当代全球化世界和全球化进程的本质都极为重要。在这种情况下，能够充分反映整个世界的新视域的语言应该包括某些具体的术语，人们能够用这些术语来谈论多样性中的统一性，以及统一性中的多样性。

“文化—文明复合系统”一词正是这样一个复杂的概念，它有助于理解大型社会对象和在其统一性和整体性中作为整体存在的人类。

当代世界文化—文明复合维度

因此，从人类整体的立场出发观察文化和文明等现象，从而讨论世界性的文化（例如世界文化遗产）的行为具备合理性，通过相同立场进一步讨论全球（世界）文明即世界社会制度的技术或组织和结构，这同样是合理的。在这种情况下，“世界文化—文明复合体系”的表述是有其存在必要的，因为它充分而全面地反映了现实：不仅是从文化或文明的角度，而且是从形式和内容两个维度上——而非将二者区别开来。

值得注意的是，20世纪科学被离散式（而非综合）的文化和文明理解方式所主导。即使是现在，这种理路尚未被克服。这无疑是试图分割不可分割的文化和文明的失败尝试。几个世纪以来，社会学家主要对地方问题，至多是区域性问题感兴趣。直到最近几十年，他们才开始透过全人类的棱镜来观察文化和文明问题，并把它们想象为一个任何社会都固有的、单一的文化—文明复合连续体，在全球层面而言同样如此。[④]

必须强调的是，一旦我们开始通过区分诸文化—文明复合体系来观察世界，我们当下视为自足的文化和文明就将成为世界文明系统的有机组成部分。它们在文明基础上具有可类比性，但在文化标准上仍然具有其自身独特性。此时，如何准确界定文化和文明已不再成为问题，如何区分不同类型的文化和文明（以及将它们分类的方法）也将得到解答。

同时需要注意，不同国家之间文化—文明复合相似性越高，它们之间的互动也就越发容易，越发积极。近年来，我们看到中国、印度、俄罗斯、巴西等国家，它们虽然有着不同的文化，但其文明发展的步伐都在不断加快，也在不断加强文化—文明复合联系和建设性合作。

如今，前所未有的世界制度并没有消除自然形成的不同文明的根源和形式，也不排斥民族文化的多样性。它从多样的文明与文化中产生，形成了一个史无前例的具体而独特的肌体。与此同时，新的全球文化—文明复合有机体（超级系统）强烈吁求改变这一碎片化的世界境况，建立不同类型的地方和区域文化—文明复合系统，以遵守全人类共有的规范、规则、方案和禁令。

在我看来，贯彻落实这些吁求，将会成为 21 世纪历史进程的主要内容。毫无疑问，这一进程不会一帆风顺，它将给国际社会带来许多全新的冲突和矛盾。文化始终是并将一直是多样化的，因此，文化本身对人类进行着肉体与精神上的区隔。相对地，文明却具备一种统一的要素。因此，国际社会将永远存在差异和矛盾，各种文化—文明复合系统（子系统）将不可避免地相互竞争和冲突。作为新兴学术研究领域，全球研究，以及整个人文学科——尤其是哲学，都应尽其所能预测并减轻（如果无法消除）这些冲突的消极后果。

迈向共享未来

国际社会开启了新纪元，它意味着历史上崭新的一页。显然，这一页将史无前例地使用不同的语言体系叙述并讨论一个完全不同的主题。这一新的主题将完成世界全球化的外部进程，并建立其完整性和统一性，而文化—文明复合一体化将主导着以新兴的全球人类为特征的其他所有进程。⑤新的语言体系不仅仅是新的沟通方式，如互联网、电子邮件、卫星电视、手机等等，还包括道德、伦理、适应于全球挑战的法律。这一语言体系中还将产生反思重估之前价值体系的不同术语，并最终为那些足以接受新现实的国际社会中的绝大多数所接受。在执行国家、国内、外交或国际政策时如若不考虑所有这些因素，就不能对新出现的威胁做出充分反应，甚至会在本来可以避免这些威胁的地方制造出威胁。

在这方面，如何克服社会经济落后和提高大部分人的生活质量显然是现代性所面临的最为尖锐的问题。不解决这些问题，就不可能建立全球文明。但更重要也更为困难的任务是，为那些掉队的人提供新的思维方式和相应的世界观。许多人特别是成年人难以适应作为自由竞争和思想、范式与价值观碰撞的开放竞技场的新世界。要人们抛弃成见、迷信、意识形态所铸就的舒适区域是极为困难的，而这最终却是不可避免的。我们正面临第二个轴心时代——对话的时代。它需要我们意识的深刻转变，正如化茧成蝶。我们应当在改变的进程中迈出至关重要的一步，即从离散型视角转换为复杂的、系统型视角，不再把社会描述为文化、文明或全球化层面上的自足者，而是透过文化—文明复合发展的视角，在全球层面上对社会肌体进行动态把握。

（郝颖婷　译）

注释：

①［俄］亚历山大·丘马科夫、伊凡·曼殊、威廉·盖伊主编：《全球研究百科全书辞典》，附米哈伊尔·戈尔巴乔夫前言，阿姆斯特丹 / 纽约：Rodopi 出版社，2014 年，第 70–75 页。

②［美］杜维明：《多重现代性：对东亚现代性内涵的初步探讨》，载［美］塞缪尔·亨廷顿、劳伦斯·哈里森主编：《文化的重要作用：价值观如何影响人类进步》，纽约：基础书籍出版社，2000 年，第 258 页。

③［美］塞缪尔·亨廷顿：《文明的冲突与世界秩序的重建》，纽约：西蒙与舒斯特出版社，1996 年。

④［俄］亚历山大·丘马科夫：《哲学视角下的全球化世界》，Book Jungle 出版社，2018 年，第 244 页。

⑤［美］罗兰·罗伯森：《全球化：社会理论和全球文化》，伦敦：SAGE 出版公司，1992 年。

Dialogue on Universal Value and Propagation of Universal Values of Chinese Culture

普世价值对话与中国文化普世价值的传播

王保国

提要： 普世价值是为人们普遍接受和认同的、比较恒定和富有社会引化作用的价值判断。这样的价值判断不仅存在于西方文化体系中，东方文化中也有同样的元素。“民主”“法治”“自由”等西方的普世价值语汇偏重于政治层面，仁、义、礼、智、信等中国普世价值语汇重在人的自身修造和人与人关系的建构，中西文化中的这些内容正好形成了有益的补充。我们不仅要重视自身文化中普世元素的挖掘和整理，同时还要大力传播自身拥有的普世价值观念，争取中国在世界文化中的地位和意识形态领域的话语权。

关键词： 普世价值；西方文化；东方文化普世价值元素；挖掘；传播

Abstract: Universal values are a set of value judgment that people generally accept and identify with. Universal values are relatively stable and have a powerful function of social transformation. Such value judgment exists not only in the western cultural system, similar elements exist in the eastern culture as well. The vocabulary of universal values such as “democracy”, “rule of law” and “freedom” leans more on the political sphere, while the vocabulary of Chinese universal values like “benevolence, righteousness, rites, wisdom, and trust” focuses on the personality-building and human-to-human relationship. These contents in Chinese and Western culture form a perfect supplement to each other. We must not only pay attention to finding and organizing the universal elements in our own culture, but also vigorously spread our own universal values and strive for China’s position in world culture and the right to speak in the field of ideology.

Key Words: universal value; western culture; universal values in eastern culture; finding; dissemination

一

在中国，“普世价值”的概念出现于1995年郭洪纪《儒学传统与中国文化建制的流变》（见《青海社会科学》1995年第5期），此后，围绕自由、民主、平等、法治、人权等思想的普世意义进行的探讨逐渐展开，2007年前，见诸报刊的文章多给予肯定性评价，但2008年以后反对的声音逐渐高涨，存在与否的论争也逐渐激烈。中国社会科学院李慎明、徐崇温，清华大学冯虞章、刘书林，中国人民大学周新城、陈先达等纷纷著文从理论层面、政治层面予以彻底否定普世价值的存在。而以北京大学季羡林、叶朗、汤一介等为代表的学者则力主普世价值的存在，并试图在中国文化中寻找普世价值的元素。

普世价值之争旷日持久、硝烟弥漫。今天看来，在这场论争中，有些人仅仅是为了否定而否定，不理性的言论显然需要戒除。有些人动不动就挥起政治大棒狂打乱打而欲以阻止和铲除原本是学术异见的做法更值得深思。如2009年后的报刊上多有这样的文字：“‘普世价值’根本否定中国特色社会主义的民主政治建设，完全割裂中国改革开放中经济体制改革和政治体制改革间的内在联系，力图把中国的改革开放引导到‘回归西方文明’的方向，把中国的政治体制改革引导到西方‘民主化’的陷阱，这是‘普世价值’贩卖者坚定而明确的追求。”[①]再如：“被一些人热捧的‘普世价值’论却将西方资产阶级价值观念奉为圭臬，实质是当代西方话语霸权及其价值渗透方式的表达，真正目的是企图改变我国社会主义发展方向，是一股干扰和破坏社会主义核心价值体系统领地位、严重影响我国文化软实力提升的错误思潮。”[②]这种做法是先给你戴上政治的帽子，贴上西方文化贩卖者的标签，进而堵其口、棒喝之、铲除之。不考虑这种学术讨论的初衷，而把它肆意上升到殃及国家政治前途甚至国家命运的高度显然过分了。看到这些“文革式”语言，让人不寒而栗。

我们认为，早期以西方价值系统为视角的“普世价值”阐说者在文化安全意识上固然欠缺，但在当时的社会背景下，在自身价值体系解构和重建中，作为一种学术探讨显然是十分及时的，至今这样的探讨也是必需的。站在浓烈的硝烟之外，当我们冷静地思考我们应该持有怎样较恒定的价值判断系统时，“普世价值”的研究显然还需要继续进行，因为现实社会价值体系重建迫在眉睫，一味否定和缺乏建设性的批评无助于事情的解决，只会使社会本已混乱的价值判断更加失去标准和方向。

二

我们赞成这样的观点，普世价值是为人们普遍接受和认同的、比较恒定的和富有社会引化作用的价值判断。这样的价值判断，不仅存在于西方的文化体系中，在东方文化中也有同样的元素。所以，我们的眼光不仅应该注视形成于西方的价值系统，我们也应该多一些对于自身文化中普世价值的观照。实际上，争论双方的学者也都期望在整个中西文化中寻找普世的元素。如冯虞章：“我们既否定凌驾于历史和民族差别之上的‘永恒道德’、‘普世价值’，认为对于道德传统、伦理文化应当进行历史的、阶级的分析，又强调必须立足于今天新的时代实践，通过扬弃、吸收外国文明优秀成果，弘扬祖国传统文化精华。”[③]文中“外国文明优秀成果”和“祖国传统文化精华”没有明确，但既然要吸取和弘扬两者皆为我所用，说到底还是因为两者具有普世意义。季羡林先生是学贯中西的大师，他主张“今天，在拿来主义的同时，我们应该提倡‘送去主义’，而且应该定为重点”。送什么？季先生特别强调中国文化中“天人合一”的精神是解决当前世界文明发展的共同原则，他甚至由此推断 21 世纪是中国的世纪。[④]叶朗先生则说："普世价值并非就是西方价值，中国文化的很多方面，同样体现了普世价值。"他认为中国文化中"强烈的生态意识""开放性和包容性""强烈的和平意识"就体现了普世价值。[⑤]我们认为，中国文化的普世价值应当还有更丰富的内容，"天人合一""中庸尚和"等我们今天所总结的语汇未必能全面概括，而且也未必能传达生活在传统社会中先哲们的认知，而他们对于传统文化精神的体认要远比我们深刻，他们的总结比我们更准确。形成于汉代，至宋代被广泛传播和认同的"三纲五常"实际上就是对中国文化精神最准确的概括，其中有糟粕，也有普世的内容。"三纲"显然已经过时和反动，但"五常"——仁、义、礼、智、信作为传统精神文化和行为文化的核心词汇并不过时，它们不仅与世界各地的文化传统所倡导的主流价值观高度一致，而且与我们今天所追求的人文价值理念高度契合。何光沪先生在其 2011 年的文章中就表达了上述看法，他说：仁、义、礼、智、信，"显然具有普遍适用的价值"。"'五常'原则之所以是精华，之所以具有普遍适用的价值，恰恰是因为它与其他文化中一些重要的、同样优秀、同样普适的原则相类相通。"[⑥]

其实，通过比较分析我们不难发现，"民主""法治""自由"等西方的普世价值语汇偏重于政治层面，仁、义、礼、智、信等中国普世价值语汇重在人的自身修造和人与人关系的建构，中西文化中的这些内容正好形成了有益的补充。西方的政治智慧为我所借鉴，而我们的文化成果走向世界，树立我们在道德领域和意识形态领域中的话语权无何不可。

三

在"普世价值"存在与否的纷争中，激烈反对普世价值存在者的内心深处实际上是对自身价值的不自觉和不自信，所以当受到西方话语冲击时只会提高自己的嗓门声嘶力竭地怒吼和棒喝。我们认为，我们不仅要重视自身文化中普世元素的挖掘和整理，同时还要大力传播自身拥有的普世价值观念，争取中国在世界文化中的地位和意识形态领域的话语权。这是一个中国文化普世价值的传播问题，在这方面我们认为至少应该特别重视以下工作：

第一，提高文化占位意识。中国的文化不可谓不悠久、不可谓不博大，但在世界范围内中国文化却被边缘化甚至妖魔化。中国是四大文明古国之一，这为世界所公认，但是中国向世界展现的却永远都是一副老迈的形象。直到今天，西方还有人认为中国人高喊万岁固步自封。究其原因，我们从没想着要把自己的正面形象展示给世界，去占领我们在世界文化中应有的位置，展示中国文化古老而崭新、进步而文明的新形象。而在我们目力所及、听力所至之处满是西方的文化元素，它们占据了我们的视野，占据了我们的头脑，在我们能感知的地方缺乏中国文化元素。于是，也是很自然地，当西方的价值观念汹涌而至时我们惊慌失措，我们义愤填膺。而我们在反击时却又是那样失据和苍白，甚至忘记自己原本也有丰富的普世文化元素足可以为自己赢得尊严和地位。

第二，注意文化符号的凝练。文化不是简单地将物质和精神叠加，它是基于物质和精神创造而形成的、不断传播的符号系统。我们可能会注重文化的创造，但我们从来不注意文化符号的凝练，以至于使文化传播缺乏明确而强烈的表达对象，西方恰恰相反。其实，不论是民主、自由、人权等具有普世价值的西方语汇，还是仁、义、礼、智、信等具有普世价值的东方语汇，都是价值观表达的最凝练、最有力的符号。西方将其凝练的这些符号已经传遍世界，而我们的这些凝练了千余年甚至数千年的符号却仍旧尘封着，即使使用也是作为被鞭挞的对象。没有简洁的符号，就没有强有力的表达，所以我们集体失语，集体无语。

第三，加大文化品牌的推介和传播。就如同需要一套符号表达系统一样，我们同样需要文化品牌作为拳头产品去展现我们的文化实力和价值取向。品牌所指不仅仅是长城、故宫、兵马俑等物质存在，思想观念诸如“五常”都具有品牌价值。普世价值观念的传播可以独立进行，但它们又附丽于物质文化、附丽于历史人物，甚至深藏于人们的风俗习惯中，所以，文化品牌的传播过程实际上也是普世价值观念的传播过程，持续不断的文化品牌的推介与传播，带来的一定是价值观念的潜移默化。

第四，在传播中国文化时，恰当地嵌入中国文化元素。传播活动既是传播者的主动散播过程，也是受众的接受过程。欲使受众愉悦地接受你的传播内容和理念，必然要讲究传播的技巧，文化元素的嵌入要恰当而非失当。我们都知道好莱坞在传播西方的价值观念，或者说在推介西方的普世价值，年轻人愿意看；韩剧在叙说东方的传统理念，老少愿意看。观众为好莱坞的影片而感动，为韩剧的情节而流泪，不知不觉地接受了影视传播的价值观。由此可以看出，文化元素的恰当嵌入是何等重要，如果是生硬的说教，或者以示丑为乐，又怎能让人乐意接受，又怎能正确传达自己的价值观念？

第五，要有文化自信、文化安全意识。崇尚物质的富足与精神的愉悦是人类共同的特点，当我们打开国门接触来自异域发达的物质文明和精神创造时有的人不免会意识短路，甚至菲薄自己，盲目崇拜，以至于失去文化自信，忘却文化安全。其实，任何文化都有其可贵的内容，它是一个民族长期氤氲化育出来、适宜于这一民族生存方式的式样系统，只有表现的不同，没有优劣的差异。中国文化绵延数千年，曾长时间引领世界文明，亲近它、了解它，自信心会油然而生；除非你有意无视它，卑视它。有了文化自信才会珍惜这份文化，才会自觉地维护这份文化的存在安全，才会正视它存在的价值，当然包括我们上文所谈的中国文化的普世价值。

（本文为作者已发论文摘编）

注释：

①侯惠勤：《我们为什么必须批判抵制“普世价值观”》，《马克思主义研究》2009 年第 3 期。

②宁德业：《提升中国文化软实力与反对“普世价值”》，《马克思主义研究》2010 年第 9 期。

③冯虞章：《怎样认识所谓“普世价值”》，《政治学研究》2008 年第 11 期。

④季羡林：《“天人合一”方能拯救人类》，《哲学动态》1994 年第 2 期。

⑤叶朗：《展示中国文化中的普世价值》，《人民论坛》2008 年第 15 期。

⑥何光沪：《中华文化与普世价值》，《文史哲》2011 年第 6 期。

The Idea of Human Destiny Community to Create Co-formed Civilization

人类命运共同体开创共塑式文明

王义桅

提要：自古以来，各种不同文明交流与对话时断时续，形成人类多元而包容的文明体系；近代以来，西方文明滥觞于世，科学进化逻辑占据主导地位；21世纪迎来万物互联新时代，科学逻辑让位于艺术、意识形态逻辑，进化文明演绎为对话式文明。如何将没有对话能力的文明也平等地包容进来，形成人类新文明？这正是人类命运共同体理念的使命，通过“一带一路”倡议实现命运自主——成为自己，立己达人，通过构建互联互通伙伴网络形成命运与共，构建命运共同体，倡导共塑式人类新文明。为此，要超越中国学、西学、全球学，打造人类命运共同体学，开创文明对话3.0新时代。

关键词：进化文明；对话式文明；共塑式文明；人类命运共同体

Abstract: Since ancient times, exchanges and dialogues between different civilizations have been intermittent to form a system of human pluralistic and inclusive civilization. The modern era originated from the western civilization and is dominated by scientific, evolutionary logic. However, the Internet has ushered in a new era that everything is inter-connected. In this era, scientific logic gives way to logic of art and ideology, and evolutionary civilization develops into a civilization of dialogue. How can civilizations that do not have the capacity to join the dialogue be included as equals to create a new human civilization? It is right here that the mission of shared human destiny stands: to be oneself, to stand on one's own feet and help others, and to advocate a new cofigurative civilization by building a network of interconnected and intercommunicating partners through the "Belt and Road" proposal. To achieve this, we must transcend the idea of Chinese studies, western studies and global studies to create a study of shared human destiny and a new era of dialogue.

Key Words: evolutionary civilization; civilization of dialogue; cofigurative civilization;

community of shared human destiny

当美英倡导的新自由主义全球化理念“世界是平的”、华盛顿共识破产之时，中国提出了“世界是通的”——以基础设施、互联互通为核心的“一带一路”倡议；当反全球化的美英领导人提出“本国优先”，推行脱钩、脱欧主张时，中国提出了人类命运共同体，鼓励各国走符合自身国情发展道路，在命运自主基础上实现命运与共，最终形成命运共同体。

更长远、本质地看，人类命运共同体的提出，有三大使命：

一是回答中华民族伟大复兴的目标，不是复古——回到汉唐，不是超美——成为世界老大，而是推动各国共同振兴、文明共同复兴，都能成为自己，并立己达人。正如中华民族概念圆了中华文明道统一样，人类命运共同体诠释了中国与世界的关系：融通中国梦与世界梦。

二是回答人类怎么了、世界向何处去、我们怎么办的时代之问，为全球化、全球治理铸魂，以命运自主超越中心—边缘依附体系，以命运与共超越相互依存，以命运共同体超越经济靠中国、安全靠美国的世界悖论，以及经济全球化与政治地方化的分裂。

三是回答“我们的未来是否更美好”的质疑。告别近代，走出西方，超越人类中心主义，从后天看明天，寻求人类价值观的最大公约数，推动人类文明的可持续发展，应因人工智能、万物互联时代来临，实现从文明交流、对话式文明到共塑式文明的飞跃，引领人类文明创新。

从人类历史上看，大国崛起一定会提出引领世界未来的合作倡议和价值理念。“一带一路”及其背后的人类命运共同体理念就承载着这一使命。“一带一路”倡议的提出，标志着中国彻底告别了近代以来中西体用、赶超西方的思维逻辑，成为世界领导型国家，不再纠缠于哪个外国月亮比中国圆——其实我们共一个月亮，这就是人类命运共同体。此后，国际社会不只是抽象谈论中国崛起，而是“一带一路”。这就一下子把国际话语体系从近代几百年拉长到两千多年，解构了西方中心论；人类命运共同体理念超越普世价值，倡导人类共同价值，旨在建设永久和平、普遍安全、共同繁荣、开放包容、美丽清洁的世界。真乃大道之行也，天下为公。人类命运共同体成为中国倡导的新型国际关系、新型全球治理的核心理念，成为习近平新时代中国特色社会主义思想的世界观，集中展示了中国共产党为人类进步事业而奋斗的天下担当。

反思文明对话。文明对话是关于文明差异乃至文明代差的对话，正如近代中国指望“中学为体，西学为用”搞洋务运动那样，最终演变为全盘西化。

人类进入5G时代，人工智能、大数据、区块链等新技术接踵而至。科幻小说《三体》写道“我碾死你，与你无关”，如果出现这种情形，哪有什么文明对话？！近代，文明对话如同交易，农业部落没有东西与西方工业交换，不就成为自由贸易的殖民地！如何避免对话成为殖民、教化？

笔者在《海殇：欧洲文明启示录》一书中也早有论述：西方文明开放而不包容，文明对话无济于事！

文明何时不成为权力的婢女？文明对话何时不成为强者对弱者的教化？如何超越普世价值vs中国特色？这就需要我们升级文明对话，从1.0、2.0到3.0版：

（一）文明对话1.0

中外文明对话（中国中心）

世（中）西文明对话：进步主义

世界文明对话（后西方）

（二）文明对话2.0

问题导向：民粹主义、保护主义、恐怖主义

未来导向："未来已至，只是分布不均。"——威廉·吉布森

人类文明创新：新能源、人工智能改变地缘政治、地缘经济乃至地缘文明逻辑

（三）文明对话3.0

中国的"新和合主义"：

和——人类命运共同体：世俗文明的终极关怀

合——"一带一路"：道莅天下，通无止境

天—诸神对话：世俗伦理与社会主义精神

一

传统中国文化认为，有四种力量境界：诸道同源之理、万法归一之道、纲举目张之法、提纲挈领之术。人类命运共同体是对各种传统文化的创造性转化和创新性发展。

钱穆先生在《中国文化史导论》一书中指出，人类文化从源头看有游牧、农耕和商业三种类型。"游牧、商业起于内在不足，内在不足则需向外寻求，因此而为流动的、进取的。农耕可以自给，无事外求，并必继续一地，反复不舍，因此而为静定的、保守的。"在世界整体内在不足、可持续发展为唯一选择的全球化时代，游牧、农耕、商业乃至工业文化的差异消失了。世界面临共同的文明挑战。

著名汉学家、德国波恩大学东亚系教授沃尔夫冈·顾彬认为，中国是欧洲文明的"福分"，中华文化一直为西方文化提供滋养，但长期以来，西方人并不了解中华文化与世界文明的对话历史，更不了解中华文化对世界文明的影响。如果说20世纪的德国哲学是"我者"与"他者"的对话，那么今天的世界就是"我者"与"伙伴"的交流。开放对话为当今世界不同文化间互融互鉴、打造人类命运共同体打开了大门。

如何开放对话？一位西方学者曾经这样说过，人类的奇遇中最引人入胜的时候，可能就是希腊文明、印度文明和中国文明相遇的时候。希腊哲学强调人—自然关系，印度哲学强调人—神关系，而中国哲学强调人—人关系。

今天，这种引人入胜的时候由"一带一路"倡议所开启，将三大世界级文明——中华文明（着眼于人—人关系，强调做人，艺术的逻辑）、伊斯兰文明（着眼于人—神关系，强调做信徒，意识形态的逻辑）及基督教文明（着眼于人—自然关系，强调做事，科学的逻辑）再次融通起来，以文明之合，超越文明之分，在21世纪再现古丝绸之路将中国的四大发明通过阿拉伯传到欧洲，对接农耕文明、游牧文明和海洋文明的气象。

图1　三大世界级文明

相应地，文明对话也要实现人、自然、神的三位一体，包容艺术的逻辑、科学的逻辑、意识形态的逻辑。

二

自古以来，各种不同文明交流与对话时断时续，形成人类多元而包容的文明体系；近代以来，西方文明滥觞于世，科学进化逻辑占据主导地位；21世纪迎

来万物互联新时代，科学的逻辑让位于艺术、意识形态的逻辑，进化文明演绎为对话式文明。

（一）科学：进化式文明

纵观人类文明发展史，大国之兴衰，洲际权力之转移，往往是文明转型的产物。1500年以来西方创造先进文明的优势日渐枯竭。文明的活水跨越大西洋波及北美大陆后，又通过太平洋唤醒了亚洲大陆的原生文明。才刚刚过去500年，世界权力重心逐渐向东方转移，这让西方世界陷入了惊恐、迷惑、不解和不甘之中。

美国历史学家斯塔夫里阿诺斯在《全球通史》一书中指出，“欧洲的成功是欧洲衰落的潜在原因”。这就是，欧洲的三大革命——工业革命、科学革命和政治革命在世界的传播，使欧洲失去了作为世界统治力量的地位。

在《文明》一书的作者尼尔·弗格森看来，与所有伟大的文明一样，西方文明也具有两面性：有其崇高的一面，也有其卑鄙的一面。如今西方步入衰败，最主要的原因在于没能有效延续、弘扬其曾经主导世界的六个撒手锏：

1. 竞争。欧洲的政治处于割据分裂的局面，在每个君主制国家或共和制国家内，都存在着多个相互竞争的集团。

2. 科学革命。17世纪，数学、天文学、物理学、化学和生物学的所有重大突破均发生在西欧。

3. 法治和代议制政府。这一优越的社会政治秩序出现于英语国家，它以私有财产权以及由选举产生的代表财产所有者的立法机构为基础。

4. 现代医学。19世纪和20世纪医疗保健的所有重大突破都发生在西欧和北美，其中包括对热带疾病的控制。

5. 消费社会。随着工业革命的兴起，以棉纺织品为开端，涌现出大量提高生产力的先进技术，同时对物美价廉的商品的需求也为之扩大。

6. 工作伦理。西方人最早将广泛而密集的劳动和高的储蓄率结合在一起，从而促进了资本的持续积累。

相反，这些曾经让西方傲视群雄的秘诀却被别的地区学习掌握并据为己有，所以才发生了江湖地位的转换。

这两位历史学家的逻辑当然是“西学为体，西学为用”，在“西方中心论”中兜圈子。他们认为新兴国家的崛起乃是学习、模仿西方文明诀窍的结果。其实，新兴国家不只是西方文明的学徒，其崛起的根本原因在于找到了符合自身国情的发展道路，并在此过程中修正西方模式，对人类发展模式作出自己的贡献。

（二）艺术：对话式文明

“对话式文明”（dialogic civilization）概念最早由杜维明先生提出。它是指不运用暴力，而是通过各民族和文明间平等交往产生相互了解，形成跨文化共识，最终创造出和平共处交流互鉴的一系列规则，形成超越国家和民族的世界性文明。在孔汉思等人起草的包括共同价值、标准和态度的全球伦理宣言的基础上，杜维明认为加强不同文化、不同宗教、不同国家和地区的文明对话是应对人类困境最基本也是最重要的选择。对话式文明的实质是各种文明之间的平等交流、互相倾听和借鉴。在各文明主体平等沟通、对话和交流的进程中，各个文明得到丰富和再造，形成一种以对话为中心的或对话主义文化，即文明对话。儒家思想和实用主义是对话式文明的两大思想源泉。其中儒家思想中的恕道原则（己所不欲，勿施于人）和人道原则（仁道原则）都是对话式文明的哲学基础。而实用主义则强调，通过自由开放的实践，对社会与文化的创新不断输入新鲜血液，使各自文明在交流互鉴过程中相互适应、相互成长和相互演变。例如，安乐哲从实用主义哲学视角阐述和探寻中西文化沟通的途径和渠道。他认为，当代中国对外国哲学研究领域从康德到海德格尔的兴趣转向过程中，后者被理解为与中国本土思维方式更接近。因此，儒学与杜威实用主义之间的对话是可能的。对话式文明与跨文明交流的关系，从理论上来讲，应该是：真正具有生命力的对话在跨文明交流中孕育，并得以成长、修正、改善、更新、丰富和发展，形成一种跨文明共识，进而凝练成一套大家自觉遵守的规则，乃至一种生活与工作方式，即对话式文明。完善的文明对话在理论原则和实践操作平面上应该是培育和丰富包容性世界秩序的土壤。

跨文明交流必须以建立对话式文明为近期目标，以打造开放包容性世界秩序为中期目标，以构建人类命运共同体为最终目的。只有通过平等、均衡、相互开放、相互倾听、相互包容的交往、交流、沟通和交融，才能形成对话式文明，提炼出文明对话模式，打造包容性的世界秩序，最终构建人类命运共同体。只有不同文明相互尊重、相互补充、相互促进、和谐共生，构建人类命运共同体的伟大理想才能最终实现。

（三）人类命运共同体：共塑式文明

费孝通先生曰：“各美其美，美人之美，美美与共，天下大同。”

可是，如果自己都觉得不美，怎么办？德国总理默克尔近年感慨：从某种程度上来讲，我们可以完全依赖他人的时代结束了。我们欧洲人真的必须将命运掌握在自己手中。

连德国都如此，遑论一般发展中国家？当我们确定对话式文明时有没有考虑到他们有对话能力呢？如何将没有对话能力的文明也平等地包容进来，形成人类新文明？这正是人类命运共同体理念的使命，通过“一带一路”倡议实现命运自主——成为自己，立己达人，并通过构建互联互通伙伴网络形成命运与共，构建命运共同体，倡导共塑式人类新文明。

人类命运共同体的文明解读
- 人—自然：共生，生命共同体
- 人—人：共学，关系共同体
- 人—社会：共融，文化共同体

图 2　人类命运共同体的文明解读

“穷则变，变则通，通则久。”用《周易·系辞下》中这句话来形容改革开放的世界意义，再恰当不过。“穷则变”的“变”就是改革开放，拿邓小平的话来讲就是“不搞改革开放，只有死路一条”；“变则通”的“通”就是“一带一路”主张的互联互通（五通）；“通则久”的“久”就是成久远，构建人类命运共同体。改革开放的重要经验也得到了很好体现：问题导向——“一带一路”正为解决和平赤字、发展赤字、治理赤字的世界问题；目标驱动——人类命运共同体：既要坚持高标准，又要因地制宜、循序渐进。

表 1　告别近代，走出西方

	周易	世界观	方法论	逻辑	模式	辩证法
改革开放	穷则变	外国(西方）的月亮比中国圆	向（美）西方开放	把世界的变成中国的	西方模式（国际接轨）	正（顺应世界大势）
一带一路	变则通	中国的月亮也很圆	带路为体，中国为用	把中国的变成世界的	中国模式（特色）	反（造合作之势）
人类命运共同体	通则久	中国与世界共一个月亮	人类为体，世界为用	中国的本是世界的	人类共享模式	合（万法归一之道）

近代以来，中国着眼于解决的是中国问题：民族独立、国家富强；改革开放，中国开始解决发生在中

国的世界问题——市场经济、人民幸福；进入新时代，中国越来越多地解决人类问题——永久和平、普遍安全、共同繁荣、开放包容、美丽清洁，它们是共同构成人类命运共同体的五大支柱。

在世界局势处于大转型、大变革的关口，习近平主席怀古今中外、系东西南北，提出人类命运共同体理念，彰显人类社会共同理想和美好追求，在新时代将传统中国天下大同、协和万邦的思想予以升华，将中国外交的和平、发展、合作、共赢的宗旨予以铸魂，将中国共产党为世界进步事业作出新的更大贡献的世界初心予以宣示，将联合国宪章的宗旨和原则予以弘扬，得到了国际社会的广泛而积极的响应，使中国逐渐占据人类道义的制高点。

总之，人类命运共同体不是发明的，是发现的，也不是静态的——发现已有共同价值观，也是动态的——共同塑造人类的共同价值观或者未来的共同价值观，它不只是一种对话式文明，还是未来人类文明的塑造。过去无可继续，未来犹可期。过去的一切，皆为序章。过去的国际体系，只是人类命运共同体理念的一个特例，它不是否定过去的，所以这个正在进行时，是一个动态的包容性的建构。构建人类命运共同体，体现习近平外交思想的政治诉求——再造中共，再造中华，再造世界！所谓再造中共，是以传统文化相结合的一种新型的共产主义政党。再造中华，就是推动中华文化从内陆、农耕、区域走向海洋、工业（信息）、全球，打造全球中国。正如习近平主席所言：世界好，中国才会好；中国好，世界会更好。

三

世界上有三大原力：美国所代表的创新力、欧洲所代表的精神力、中国所代表的应用力。只有这三力结合，才能解决人类面临的根本性问题。“一带一路”为中美欧大三角文明创新展示了希望。中美、中欧经济关系越来越有竞争性，但在全球治理方面却越来越具有互补性。“一带一路”框架下的中美欧合作为规避双边竞争性，开启全球合作，提供希望。“一带一路”不是排斥西方，而是中国与西方合作开发第三方市场，彰显现代文明的三原力。

图 3　世界三原力

“一带一路”是人类的大创新，克服传统创新陷阱——美式节省劳动力型创新、欧式节省资源型创新，摧毁了南方国家的比较优势，形成创新陷阱；同时超越创新悖论，即以创新名义圈钱，导致富者更富，穷者更穷，有增长无就业，人工智能驾驭不好的话可能加剧这一趋势。民粹主义兴起充分揭示了政治—经济悖论：政治是地方性的，经济是全球性的；政治是周期性的，经济是长周期的。“一带一路”试图消除之，着眼于基础设施互联互通，有利于引导投资实体经济而不再继续制造金融泡沫。“一带一路”推行包容性创新，超越传统大国博弈，旨在构建人类命运共同体，开创人类新文明。

习近平主席通古今中外，系东西南北，怀天下苍生，提出人类命运共同体，就是面对全球化逆转、民粹主义盛行、新技术革命日新月异等形势，回答“世界向何处去”的根本问题。他同时指出，“我提出一带一路，就是为了构建人类命运共同体”。

人类命运共同体的提出遵循三大逻辑：

一是历史逻辑：不忘人类初心。人类命运共同体并非无源之水、无本之木，相反是从历史来，包括古代、近代、当代历史，又是对历史的时代提炼和升华。古代世界体系是多中心的、多元的，各个国际体系，各个文明之间，联系是时断时续的、不稳定的（正如丝绸之路历史所展示的），所以要汲取中国传统和合文化和其他各种传统文化的通约性，并创造性转化创新性发展，凝聚出来人类命运共同体，就是人类要不忘初心。近代以来，国际体系实际上是一个中心——西方中心，威斯特伐利亚体系以民族主权国家为基本单元，我们是要坚持主权原则但是要超越国家层面，包括超越欧洲主权让渡的层面提出了人类命运共同体。近代以来所谓的人类是工业革命、地理大发现塑造的人类中心主义——人类世，我们现在要超越这个，要保护环境，把人类放在自然的一部分来看待。当代呢，继承并超越社会制度井水不犯河水的和平共处五项原则，实现命运与共，同时超越1974年邓小平同志在联合国代表毛主席、党中央提出的三个世界理论——今天强调同一个世界。所以，人类命运共同体从古代、近代和当代历史中来，但也是对历史的一种继承和超越。

二是时代逻辑：回答时代之问。当今世界，经济全球化，政治地方化（all politics are local），文化多元而极端化，恐怖主义、民粹主义、反犹主义；亚洲悖论—全球悖论。人类命运共同体不是发明的，是发现的，是各种文化的价值通约，既发现、发掘还塑造人类共同价值观，也是解决人类问题的智慧和方案。典型的是时代之问，就是超越过去的，经济全球化所谓的相互依存，更多是依存美国霸权，现在被特朗普当武器来用。我们要从相互依存到命运与共，不是一种从属关系，没有一个中心，而是多中心网格状。这要落实于国内治理，尤其是政党治理，超越利益集团、选举政治，强调以人民为中心的理念，推动政党的转型，可以说也是人类政治文明的重塑。所以我们要举办中国共产党与世界政党高层对话会，也都是以人类命运共同体为统领的。

三是思维逻辑：从后天看明天。未来已至，只是分布不均，感知有异。人类已经迈入工业革命4.0门槛，人工智能、大数据、万物互联、泛在化，从原来的人化自然到现在人化人……人类身份危机：未来已来。人工智能Society5.0是继狩猎社会、农耕社会、工业社会、信息社会之后出现的新一代社会形态，其命名充分体现了科技创新引导社会变革的含义。习近平主席多次指出公海、太空、网络、极地这些人类新的领域不可能再重复过去的弱肉强食、零和博弈的法则。我们热议人工智能，但世界上还有将近一半的人没有用上互联网，十几亿人没用上电！我们讨论人工智能的时候他们担心会进一步被边缘化，所以要强调人类命运共同体！不能强者更强，弱者更弱！人类命运共同体与自由人联合体是什么关系呢？自由人联合体是经过无产阶级革命阶级斗争来实现的，而人类命运共同体通过伟大斗争来构建，尤其是中国作为世俗文明和其他宗教文明怎么样去共同构建的问题。所以，从中国的世界到世界的中国，把中国自己摆进去；思维方式既从昨天看明天，也从后天看明天。

相应地，不难明白提出人类命运共同体理念的三大意义。一是超越传统消极命运观，积极进取。二是超越消极人类命运观，塑造共同体；文化的创造性转化、创新性发展。三是超越传统意识形态的阶级斗争、革命学说，马克思主义中国化，经历道路、制度、理论自信后最终落脚于文化：这是文化自信的根源。

人类命运共同体是世俗文明的终极关怀与文化自觉。人类命运共同体的政治意义，就是中国共产党在社会主义初级阶段，不再追求推翻资本主义统治，不做资产阶级掘墓人，而是提倡各国命运掌握在自己手里，构建人类命运共同体。也不难明白人类命运共同体的政策含义：

首先，告别近代，走出西方。近代以来老是中学为体、西学为用，或者西学为体、中学为用，今天人类命运共同体要强调人类为体、世界为用。原来的马克思主义曾经救了中国传统文化，现在到了中国传统文化反哺马克思主义的时候了！这就是文化自信。人类命运共同体要通三统：各国传统文化、西方道统及马克思主义正统。这个就是一个集大成：东西南北、古今中外。

其次，中国外交原则从原来的不干涉内政，这个纯内政的主权事务、发展道路、发展模式、发展理念的尊重，到现在强调国际责任，两者如何统一？人类命运共同体为此指明方向。西方经济学中有一个重要名词——“帕累托改进”，中国学者张宇燕创造出了一个新的概念——“孔子改进”。“孔子改进”的层次更高，因为孔子讲“己欲立而立人，己欲达而达人”，即如果自己要成功，我也要叫别人成功，我自己要富裕，也要别人跟着我一块儿富裕。孔子的想法，恰恰代表了中国构建人类命运共同体伟大目标的历史传承，代表了中国的一种愿望。

最后，人类命运共同体的政治含义还包括为全球化、全球治理铸魂。要强调包容性的全球化，超越那种经济全球化、政治地方化的对立。西方全球治理不问为谁治理的问题，现在强调以人为本，为人类治理。这就是从原来的国际秩序到现在人类秩序的超越。

“一带一路”与人类命运共同体，为超越科学乃分科之学的西学局限，打造穷天人之际，通古今之变，怀东西南北的大学问提出了时代命题。超越科学思维，超越古今中外、东西南北分野，树立人类整体观、命运观、共同体观，推动人文社科、自然科学的大融合，各国传统文化的大融通，未来科学的大引领。

以“一带一路”、人类命运共同体为代表的习近平新时代中国特色社会主义思想的国际意义，可以说承载着21世纪的“张载命题”：

——为天地立心，就是激活“和平合作、开放包容、互学互鉴、互利共赢”的丝路精神，开创以相互尊重、公平正义、合作共赢为核心的新型国际关系，探寻21世纪人类共同价值体系，建设人类命运共同体。

——为生民立命，就是鼓励各国走符合自身国情的发展道路，实现中国梦与各国梦融通，共同成就世界梦。

——为往圣继绝学，就是实现人类永续发展，各种文明、发展模式相得益彰、美美与共，开创中华文明与各种文明共同复兴的美好前景。

——为万世开太平，就是推动人类的公平正义事业，缔造“持久和平、普遍安全、共同繁荣、开放包容、清洁美丽”的世界，实现全球化时代的“天下大同”。

“一带一路”的核心思想正是互联互通，推动构建全球互联互通伙伴网络，将世界功能性连在一起，因为人类命运早已紧密相连，主动谋划命运共同体而非被动地休戚与共，这就是“一带一路”的初衷，目的在于建设一个持久和平、普遍安全、共同繁荣、开放包容、清洁美丽的世界。

人类命运共同体被多次写进联合国有关决议，为此指明方向，成为新时代的中国学、全球学。传统中国学，聚焦于中国历史、文化、政治等传统发展层面，着眼于“何以为中国”“中国何以能”等世界的中国关切，也是中国的自我认知，中国学为此成为人们研究的热点。然而，这只是国别版的中国学，也就是梁启超所谓“中国的中国”。那么，他讲的“亚洲的中国”“世界的中国”呢？中国是一种文明而不只是一个国家，在新时代最能体现其文明内涵、天下担当的是习近平主席提出的“一带一路”及其背后的人类命运共同体理念，真正实现“源于中国而属于世界”“源于历史属于未来”的逻辑，不仅体现“亚洲的中国”“世界的中国”和“未来中国”，而且“再造中国”——再造一个海外中国、实现中国一体化，并引领新型全球化和新型全球治理过程中“再造世界”。“一带一路”融通中国梦与世界梦，人类命运共同体为全球化、全球治理铸魂。笔者由此呼吁打造一带一路学——新时代的中国学、全球学，构建人类命运共同体学。

传统西学有三大学问：一是关于西方的古典学——一切学问都是对柏拉图的阐释；二是关于东方的东方学——埃及学、埃塞学、波斯学、汉学；三是关于人类文明的人类学——未开化世界。一句话，西学是关于“我者—他者”的学问，后两者都是“他者”，尤其人类学具有文明歧视性。人类命运共同体学是超越人类中心论，也超越天下主义，古今中外，东西南北大学问，正在开启文明对话 3.0 时代，引领人类文明从交流、对话到共塑文明的飞跃。

How China Obtains Its Civilization

中国如何获得其文明（节选）

丁文江

现代考古学业已证明，中国早在青铜器时代之前有一新石器晚期的存在。在河南北部安阳的考古发掘已证明，殷朝或商朝的文化在许多重要的方面都不同于周朝的文化。对经典的考据及对于现在可以看到的古文，包括甲骨文和金文的比较研究，已经开始使我们能够确定儒家传统的真实性，并建立起一个有关这些传统的起源的编年对照。一切都指向这样一个事实：古典中国文明成长缓慢，但却一直持续不断，在以后的朝代里，尽管有内战及外敌入侵，它却始终没有停止。我们把同样的批评方法用之于研究历史资料，就很容易探明从中古到近代中国是如何一步步发展过来的，探明每个时期的政治社会组织及心理状况和物质成就特点如何。我们更不应认为中国比同一时期的其他文明更保守，因为我们发现，在过去的4000年中，只要与外来文化有足够的接触，而所接触的文化又有某种值得学习的东西，中国文明就会不断受到影响。只不过如此吸收而来的文化汉化如此彻底，一般粗浅的研究常常不易弄清其真正的来源。

中国文明起源相对较晚

首先，中国文明的起源远比想象的要晚。我们现在业已知道，大多数传说中的皇帝最早都出现于公元前4世纪以后的作品中。①因此，我们只需对三代做一研究即可。不过，《书经》中有关夏朝的两章中的“可靠”部分现在被普遍认为是公元前4世纪以后的作品②，就连《书经》和《诗经》中有关商朝的章节也被最优秀的中国学者认为是宋国即公元前770年以后的东西。③不过，河南北部安阳所发现的甲骨文却为我们提供了有关商朝的可靠资料，已有的证据显示，《史记》中所列商朝诸王大体是正确的。④由于该书还提供了一份类似的有关夏朝诸王的名单，因此，很可能它并不仅仅是一种神话传说，而是另有意义。事实上，我们不必怀疑夏朝是否存在，原因在于，秦帝国形成以前“夏”这个字眼常用来泛指中国人，就像“汉”在以后的朝代中被广泛用于指称中国人一样。除此之外，我们对于这一朝代一无所知。

下述这样一个事实是十分重要的，即：在近一千二百年以来所发现的数千件古青铜器之中，没有一件可以确定是夏朝的。商代高度发达的青铜技术在中国似乎找不到更古老的先祖。同样有证据表明，战车用于作战也始于商朝。[5]甲骨文的古朴以及安阳文化遗存中幸存下来的多色陶器[6]与安得逊在河南、甘肃、沈阳等地所发现的仰韶青铜器—石器文化极为相似[7]。这一切似乎都表明，中国的青铜时代开始于商，而商之前的朝代仍处于青铜器—石器时代，即仰韶时代。如果这些结论与事实相距不远的话，那么，中国的青铜时代的开端不会早于公元前1700年，这一时间大约比闪族或埃及晚2000年。

《禹贡》、《管子》、《孟子》、《左传》中都提到了铁。但是，由于上述前两书的时代没有确定，因此，我们只能从后两书中寻找证据。《左传》中提到，公元前513年，秦国的两名官员征取了480斤铁，用以铸鼎，以在其上刻写刑律。就铁而言，480斤并非什么了不起的数量，而不仅提到使用的材料还要提到征收的具体数量，这一事实表明，当时铁还是非常稀有的。孟子提到铁器被用于耕种。也许铁制武器也在同一时间流行开来，但青铜器一直延续到汉代。据此，我们可以把铁器引入中国的时代确定为公元前6世纪，这一时间比美索不达米亚或埃及铁器时代的开端要迟数百年，比印度铁器时代的开端可能晚了上千年。

中国文明逐渐但却持续地发展

很清楚，中国早期文明的发展是非常缓慢的。实际上中国文明在各个阶段的发展都是如此。三代的皇帝都是即祭即政，同时担任着垄断一切政治职务的统治部落的酋长。从公元前4世纪开始，封建诸侯国被逐渐转化为军事国家，政治权力转移到那些与诸侯王不属同一宗族的贵族手中。到此时为止，王权已经变得远没有以往那么神圣，公元前221年，当第一个帝国秦朝建立时，皇帝仍兼有祭司之职，不过，家族与国家之间的关系已经根本改变，原有的封建贵族随着战国一起消亡了。汉朝皇室的平民出身使之更加强调其世俗性，但终汉一代，宗教与政治继续密切联系在一起。公元3世纪至5世纪末北方蛮族的占领以及佛教日益扩大的影响毫无疑问助长了皇位的世俗化，结果，从唐朝开始，尽管皇帝仍然是“天子”，但其性质已经与原来意义上的“天子”有天壤之别。

土地占有、政府官员的选拔、军队的组织等，都经历了相应的变化。公元前359年前，秦国把僵化的半公有制的土地耕种制度改为土地个人私有。在此之前，农民是其封建君主的农奴。随着第一个帝国的建成，尽管不断有人尝试“均田”，土地私有制度继续维持，但农民仍然要服劳役和兵役，而土地仍然是国家的财产，至少从名义上说是如此。土地私有制度的正式确立，是在唐朝初期。公元623［624］[8]年，颁布新税制，免除每年20天的徭役，改征丝。公元722年建立募兵制，民众不再服兵役，劳役也差不多解除。[9]土地耕种者由农奴逐渐转化为公民，这是一个具有重要意义的事实。正是因为这一转变，中国文明才没有建立在奴隶制之上，奴隶只限于家内服务，而且到19世纪时已逐渐消失。

政府官员的选拔经历了一个类似的演化过程。公元前7世纪之前，官位是世袭的，由国王或封建诸侯王的同族成员垄断。后来，一些诸侯国的君主开始从家庭之外选拔人才担任其顾问，不过，此时选拔的对象仍限于贵族。即使到了战国时期，国家任人唯才，但成功者总是那些贵族们的年轻后裔，因为教育当时是统治阶层的特权。公元前221年秦帝国建立时，阶级差别已不甚明显，但是，中央集权程度如此之高，所有官员的任命很大程度上取决于皇帝及其大臣，而这些人基本上都是贵族后裔。汉朝起自布衣，故向所有阶层开放官职。公元前136年，颁布了选拔官员的举荐考试制度。但是，除了招考博士生员之外，很少举行考试，终汉一代，官员的任命通常不取决于任何正式的考试，而是由上级官员举荐，这些上级官员同时也被授权为自己选拔助手与职员，被举荐的对象常常就出在这些人中间。

在此后的朝代中，官员选拔制度更加向金钱资助和舞弊行为敞开了大门，中央向各地区派遣永久性的钦差大员，完全按照自己的看法把各地官员划分为九品。据说，他们总是把名门望族的后裔排在上品，把平民的子孙排在末品。直到唐朝时，考试制度才成为选拔官员必不可少的一关，并向所有阶层开放，毫无偏向。但即使此时，尽管高级官职保留给那些通过了国家统一考试的人，未经考试者也可以通过下述方式进入官员队伍，即先做小吏，逐渐提升。

9世纪以后，半独立的军事首长在各自所辖区域垄断着政治权力，自然要任命民政官员。在任何情况下，考试制度不适用于军事官员的任命。宋朝实行考试制度，不过，录取名额大大增加，考试程序也更加严格，所有公务员都要经过考试选拔。明朝时，军官的选拔也实行类似的考试。这样，国家科举考试制度的确立与完善经过了差不多1200年的时间。⑩

中国货币的发展也有一段非常有趣的历史。最早的交换媒介是贝壳。⑪后来，玉及丝也被用作货币。⑫只有丝是中国出产的。毫无疑问，丝即使在很早时就已成为中国最有价值的出口产品，但它太笨重，不适宜于少量使用。因此，贝币就成为最常见的货币形式，除了真贝币之外，用骨仿制的贝币也很流行。金属被用作货币是在很晚的时期开始的，因为中国稀有金属，特别是银极少。周朝后期，金和铜开始被用作货币，尤其是铜，公元前6世纪以后被铸成刀、铲等形状，用作货币。⑬秦代时开始铸造外圆内方的“钱”，此种币制以后成为造币的标准形式。

汉朝建立以后，天下太平，国家繁荣，如何提供足够的铜来铸造货币，是以后各个时期都要面对的一大难题，因为人口的增长似乎总是超过国家铸币厂的生产量。公元前119年，有人试图用鹿皮充当货币，但没有成功。公元807年，又引进了一种可以议价的证券，但不久也就废止了。在这一期间，丝作为最值钱的出口货物及纳税的主要实物，一直被自由地用作交换的中介。唐朝的国家财政预算是以铜钱和丝的匹数为单位来计算的。例如，公元815年，国库仅为军事开支一项就预算了50万匹丝。宋朝建立后，国库中丝的收入大幅度减少，主要原因可能是由于棉花的引进逐渐代替了丝。以往征税主要征丝，现在开始征银，银首次开始成为中国的货币。整个11世纪期间，宋朝年收入白银约在500 000至3 000 000两之间，其中的10% ~ 20%要作为礼物或贡品送给金国和通古斯族。除此之外，所征收的丝中，也要拿出5% ~ 10%用作同样的目的。因此，钱荒成为当时一大问题。钱偶尔也被充作货币，但这又会鼓励非法铸币。

970年，开始发行纸币。在此后的4个世纪中，纸币成为国内最主要的货币。⑭1375年明朝第一任皇帝颁布的钱币法仍将纸币规定为法定货币，但是，随着富产银、铜的云南省被纳入明朝的管辖范围，上述两种金属可以大量提供。银于是很快成为交换的中介。从16世纪开始，与欧洲的贸易提供了大量白银，用来交换黄金，后者与银的比价在中国远比在世界其他地方要低得多。纸币从此作废并逐渐消失。

文学的演进与大众教育的传播也在缓慢而不断地发展着。商朝时，只有甲骨文，使用的是一种极为精练的文字。周朝时，大作家们已经开始谱写宗教性的诗歌以及政论散文。到孔子的时代，书面语言已经高度发达，足以表达哲学观念，但孔子死后约一代，即公元前5世纪后期所写下的《论语》，仍是由一小段一小段的对话构成。仅仅一个世纪之后，《左传》就是用非常流畅的散文写成的。从此开始，书面语言不仅从风格上，而且从词汇上，都在不断改进。汉朝时，它已经成为一种非常有效的工具，与恺撒时代的语言相比，毫不逊色。不过。从公元前3世纪到唐朝初期，由于北方蛮族的入侵，造成文人南迁至扬子江流域，当地原有方言不同，语言和文字逐渐分离，同时也由于诗歌的高度发达，古文诗歌化，古文的发展逐渐停滞。唐朝时，出现一种相反的潮流，古典散文开始重新出现上升的趋势。宋朝时，口语化的表达方式开始渗入哲人们的作品中，但是其发展非常缓慢，在士大夫的作品中常常受到抵制，因此，口头语言常常在戏剧和小说中找到其归宿，而这些远比经典对一般民众影响更大，也正是通过它们，文字才会普及到广大民众，此种情形一直持续至今。

文学的这种发展与书写材料和印刷术的发明密切相关。商朝及周朝初期，所有文字都要刻在甲、骨或青铜上，刻写起来极其费力，自然要求文字简练。孔子时代由于竹笔和液态墨水的发明，可以在竹片或木板上写字，文章风格变得比原来稍加铺张。不久，毛笔和炭墨汁开始投入使用，丝帛也常被用来代替木板作为书写材料，尽管传统上多把首先提到的两件东西的发明日期定在更后一些时间。公元105年，发明纸。只有到了此时，才可以迅速而廉价地记录下所有事情。但是，直到约公元9世纪时发明印刷术之前，还不可能制造出大众可以购买得起的书籍。宋代以后小说与戏剧才开始盛行起来，这绝非偶然，原因就在于，它们本质上就是一种平民性的艺术，没有印刷术的发明，它们不可能兴盛。[15]

中国制造陶器的历史也是非常著名的。我们已知的汉代陶器中的大多数都是低温烧制的，没有上釉。汉朝末期，开始出现更为坚实的粗陶器。部分薄的粗陶器上有一层柔软微绿色的釉。[16]到唐朝时，陶器上釉成为一般规律，而且釉彩有各种各样的颜色，尽管它们仍是一些低温烧制的铅矽酸盐。9世纪初，制造出一种带有高温彩长石釉的真正的陶瓷，不过极为罕见。真正的陶瓷得到普及，是在宋朝，定窑所产陶瓷即是证据。不过，这时的瓷器绝大多数仍是白色或单色，而且颜色总在釉彩之上。釉下彩蓝色设计最早发现于明朝的器具之中，此时真正的陶瓷已经差不多取代了所有其他陶器。但是，涂在釉上的金属氧化物所形成的瓷器的多色图案可能还不为人知。后一种方法17世纪开始使用，18世纪中期达到高潮。因此，陶瓷艺术的完善也经历了上千年的时间。[17]

事实上，中国文化的每一方面几乎都经历了同样的历程。在衣服、食品、房屋建筑中，可以追溯出缓慢但却是稳步发展的轨迹。丝的发明可以上溯到青铜器—石器时代[18]，不过，它始终很贵，普通人只能穿麻布和草衣，直到公元9［6］世纪时从印度引进棉花，才为普通人提供了价廉而舒适的衣料。公元3世纪以前，还不知道用动物来耕种。[19]农作物的轮种出现得很晚，玉米、甘薯、番薯都是在美洲发现以后才引进中国的。从早期用太阳晒干的泥砖垒起的茅草屋，逐渐演化出现代砖木结构的楼房。高大屋顶、石地板、桌子、椅子等，都是宋朝以后才开始使用。在此之前，人们多是蹲在矮小的屋子里。

笔者并不是说进步从未被打断过。每一次内战或外敌入侵通常都会把时钟倒拨，把进化引向人们不太乐意看到的方向上去。不过，历史的事实是，从总体上说，在过去的四千多年里，中国文化经历了一个缓慢但却稳步发展的过程，表现在于，政治越来越世俗化，政府治理国家的方法非常有效而不太残酷，平民生活越来越舒适而富裕，知识越来越准确，传播越来越广，社会组织越来越复杂，流动性越来越大。进步是缓慢的，并非有意识地造成的，此点在工业革命之前世界上的每一种文化都是如此。

中国的“光荣孤立”使其文化的进化受到损害。她没有像雅典或亚历山大那样刺激罗马帝国的东西来刺激自己。在她的历史发展过程中，一直到19世纪之前，从来没有跟文化上比自己优越的国家接触过，相反，成熟于黄河流域的文化充当了整个东亚的文化基础。她对人类的最大贡献在于，她把文化扩展到各个不同的部落与种族，最后把他们凝聚为一个和谐的整体。周朝时，其直接影响范围不超过扬子江，秦朝和汉朝用武力扩大了其影响范围，不过四川的汉化是在更晚一些时间，广东（的汉化）是在唐朝，福建与江西是在宋朝，广西、云南、贵州在明朝，满洲则是在本世纪（20世纪）。通过军事占领、和平渗透、商业往来、吸纳征服者等方法，汉人成功地影响了苗、掸族、猡猓、匈奴、藏、通古斯、蒙等族，使之成为中国人，说同一种语言，具有同样的民族意识。这一任务是罗马人所从未尝试过的，更谈不上完成。

中国文明得益于外来影响甚多

这并不是说中国文化在其发展过程中未受外来影响。首先，在与欧洲里斯—玉木（Riss-Würm）冰川时代相同的黄土形成时期，中国极有可能无法定居。截止到目前为止中国所发现的旧石器时代的遗存都在黄土的底层，[20]而所有青铜器—石器文化遗存都发生于黄土上层。尽管已经做了大量相当彻底的考察工作，到目前为止，还没有在黄土中发现任何旧石器时代遗存，也没有在青铜器—石器时代下层发现过任何新石器时代的遗存，至少在中国是如此。正因为如此，仰韶的青铜器—石器文化在中国不可能得到发展。前者包含彩陶，这是满洲东南部、华北、甘肃，俄罗斯中亚安诺（Anau），美索不达米亚的乌尔及俄罗斯南部的特里波利（Tripolje）等地文化的共同特点。[21]属于这一时期的甘肃墓葬陶器上的生殖符号也是共同的。[22]最近，在山西南部类似的文化遗存中发现了一具石头的阳具。[23]如果我们把仰韶文化等同于夏朝是正确的话，那么，现在已知的最古老的王朝就与西方有着共同的起源。

如上所述，商朝可能把一套完整的青铜器文化及战车、贝币及墓葬中使用的红色颜料等引入中国。[24]天命、象形文字、历法、关于洪水的传说等，很可能受到美索不达米亚的启发。同样，用60作为循环记录日期（12与10结合）的方法似乎也得自美索不达米亚。

众所周知，历史上，周朝是从陕西西部发迹的。它引入了嫡长子继承制、家庭制、严格的族外婚制、王族分封为基础的封建制。[25]只有在土耳其斯坦才广泛使用的玉器似乎也是从那时开始使用的。用7天而不是此前的10天作为周期或星期，似乎是受到了巴比伦的影响。[26]但是，周人最重要的还是引进了宦官制度。时至今日，没有一个现代人类学家，无论是否相信播化论，都不会坚持认为农业和青铜器在欧亚大陆曾经发明了两次。不过，我们是否可以设想，周人故乡距中亚如此之近，他们会独立发明像阉割术这样极其困难的手术？如果不能的话，那么，有关王权的观念及相应的复杂的礼仪一定与宦官制度有着同样的来源。

如果把上述所列举的诸多事实分开来看，可能没有多大意义，但若累积起来，则不可低估。最近在印度河流域发现的青铜器文化及象形文字补上了与苏美尔之间的联系环节。看起来可以肯定，古代欧亚大陆的文明有许多文化基础都是共同的。

不过，古代中国并非仅仅从西方获得其文化灵感。中国青铜器上的动物风格似乎受到来自北方的“塞西亚人”的影响。[27]骑马作战是公元前4世纪从匈奴那里学来的。双弓箭可能是同样的来源。大米首先是印度人培育的，但是，旧石器时代的甘肃人已经知道大米。[28]事实上，中国南方的大米—水牛系列应都来自上述同一国家。家禽，可能还有铁，可能也来自该国。

中国的天文学长期以来一直是一个有争议的问题。从大量存在争议的材料中，下列事实看起来似乎是清楚的：殷人或商朝时人以12个阴历月为一年，每个月可能有30天，又进一步细分为三个10天。有时候又偶尔在年末加出第13个月。阴历月可能以新月的开始为起点。这一做法与埃及和美索不达米亚的做法相同，而不同于印度的做法。周人引进了星期的概念，把一个月一分为四，而不是原来的一分为三。历法的其他方面并无改进。

公元前8世纪最后25年间，推算阴历月方面有了重大变化，不再以新月的出现作为开始，而是提前两天，把日、月相连于一线时作为月的开始。这一天被叫作“朔”。《诗经》里一首诗提到一次日食——一定是发生于公元前735年9月22日［公元前776年9月6日］——发生于10月“朔”，这使我们了解到，当时已经可以计算出日月相连。

之所以能够做到此点，也许是有某种参照系来判断太阳和月亮的位置。有人认为，黄道周围的星群二十八宿可能就起此种作用，尽管没有证据表明二十八宿跟朔的时间同样早。现在看来，中国的宿大体相当于印度的Nakshatra及阿拉伯的Manzil。它们的共同起源已经得到普遍认可，不过，研究天文学史的学者在孰先孰后的问题上存在分歧。由于古印度和古波斯历史缺少可靠的编年，因此，无法确定上述三者哪一个是最早的。中国和印度的天文学有着共同的起源，此点得到下述事实的进一步确证：印度的月通常也是以太阳和月亮连成一线为第一天，这样就与埃及、美索不达米亚以及古中国的做法不同。

除了推算每月第一天之外，历法方面似乎并无更多改进，因为在整个春秋时期（前722［前770］~前595［前476］），历法方面还是一团混乱。每年一般从第11个月开始，闰月仍然放在年末。尽管如此，从公元前595年开始，出现了明显的改进。除了极少数例外之外，在历法中加入闰月成为正常现象，而且一般情况下，每19年中要有7个闰月。阴历月的长度的计算也有了调整。这意味着已经使用某种新方法来计算阴历年的长度。由于这时的年是从第10个月即冬至日开始，因此，很可能已开始使用日晷计算来确定这一天。由于埃及人和美索不达米亚人在很久以前就使用日晷，因此，它出现在中国不太像是独立的发明创造。公元前6世纪这一时间与波斯帝国的兴起正好吻合，极有可能日晷以及更好的测定冬至日的仪器被从外部引进中国，特别是当我们知道西方的另外一种发明，即漏壶，也已出现在中国，尽管它被引进中国的日期可能比日晷要晚。

以上所描述的历法一直使用到公元前444年，此后76年一个周期代替了原来的17年一个循环。阴历年的长度被认定为365. 25天。大约在公元前4世纪中期，每年的开始时间由原来的冬至日往后推了两个月。公元前221年，由于星占学方面的原因，年的开始时间又被前置到冬至前一个月，闰月安排在年末。除此之外，直到公元前104年的历法改革之前，整个历法系统并无太多改变。

我们对二十八星宿和日晷的准确来源不能确定，但是，有关恒星的知识，特别是木星12年一循环的知识，都来自于国外，此点则毫无疑问。学者们都同意，后者是在公元前4世纪第二个25年期间为确定年而引进的。木星围绕太阳转完一周大约需12年时间。把天空划分成12个区，每一个区对应于木星在空中的不同位置。相应的每一年都有一个专有的名称，所有名称都多于一个音节，其中还有4个是由3个音节以上组成。除了第一个之外，这一循环中的其他所有名称都显然是毫无意义的。我们都熟知这样一个事实：中国语言倾向于将所有本土的东西用单音节词来命名，据此判断，这12个奇怪的名字都是从多音节语言中翻译过来的。它们的星算学价值解释了这样一个事实，即：它们不是被翻译成中文，而是根据相应的发音做了音译。更为奇怪的是，循环中的第一年叫摄提格。根据司马迁的记载，摄提是大角星（Arcturus）的另一名称。最后一个名字则是印度Nakshatra之一，叫作Svati。摄提等同于Svati，这是显而易见的。而其多音节性更加确定它们不是起源于中国本土。[29]

不光是天文，地理学也得到了西方的资料。《山海经》与《穆天子传》都是公元前4世纪以后完成的，两书都明白无误地显示出地理视野的扩大。《穆天子传》描述的据说是西周诸王之一的穆王到土耳其斯坦旅行，会见西王母。《山海经》则由若干部分组成，各部分可能写成于不同的时期。《五藏山经》和《水经》描述山岳河流，包括昆仑山，有四条河流发源于该山，其形状看上去与印度的美庐山非常相似。《大荒经》和《海外经》描述的是中国以外的国家，包括奇国异民的传说，有些非常像印度乃至希腊的神话传说。生活于公元前4世纪后期至公元前3世纪初的邹衍，更加开拓了新的地理视野。世界由九州组成，中国是其中之一，每一州都被大瀛海所包围，看上去像希腊的okeanos（希腊文，海洋）一样非同寻常。正像天文学与星占学混杂在一起一样，地理学也起着风水（geomancy）的作用。邹衍把两者合而为一，建构了其阴阳五行学说。另一方面，新天文学与新地理学对当时人的思想一定有很大冲击。战国时期各派思想交相辉映，这可能就是新的思想视野所造成的间接的果实。[30]

帝国建立后，征服中亚，建立起与西方世界的直接联系，文化交流遂成为经常之事。葡萄酒、紫苜蓿、大夏马、波斯玻璃等都只不过是来自伊朗世界影响的一些例证。这些交流最终导致了印度佛教的传入。它最初仅限于宗教，但到公元2世纪后半期，经文开始被翻译成中文。公元3世纪初，中国人首次获准出家当和尚。蛮族占领北方地区毫无疑问地促成了儒家反佛势力的解体。鸠摩罗什（Kumarajiva）于5世纪初来到西安府，大约在同一时间，中国著名的僧人法显和尚前往印度。与佛教一同传来的还有希腊—印度雕塑艺术，云冈、龙门两地的辉煌的塑像就是希腊—印度雕塑艺术影响的结晶。与汉代了无趣味、呆板的艺术相比，唐代辉煌的文学艺术成就很大程度上应归功于佛教的启发，尽管这其中也有同样在中国享有宗教自由的祆教、摩尼教、伊斯兰教、逊尼派基督教的贡献。对于西方读者来说，玄奘是再熟悉不过了，这里无需再作赘述。

佛教对唐朝以后的中国的影响，无论如何估计都不为过。汉、唐之间的差异之大，就像雅典与罗马之间的差距一样大。之所以发生这样大的变化，佛教是最为重大独一无二的因素。即使在经历了公元845和955年对佛教的大迫害之后，此种影响也没有完全消除，因为宋朝的新儒家把禅宗的精华吸收过来，通过新儒家，佛教得以渗入社会各阶层。非战、坐禅、压制妇女等，其源头都可以追溯到印度的影响。

文化的传播当然不会局限于艺术和宗教。科学也是传播内容之一。整个汉朝期间，希腊的医药学不断通过伊朗传入中国。《本草》，或《中国药物》，是由生活于公元3世纪中的吴普撰写成书。该书不仅收录了许多明显源自西方的药物，而且其制备药丸、药粉、膏药的方法，基本上与希腊人从埃及人那里学来的方法相同。中国第一部按比例尺绘制的地图是由同样生活于公元 3 世纪的裴秀完成的。比例尺由方格来表现，每一方格代表若干面积。这一方法基本与希腊人绘制地图的方法相同。[31]公元 443 年发明元嘉历的大天文学家何承天使用了与希巴尔卡斯相同的基本数字。[32]与佛教一同来到中国的，还有印度的数学与天文学。据现在已知的材料，从公元 3 世纪到 6 世纪间，共有 8 部印度的数学及天文学著作被翻译成中文，但除 3 世纪时翻译的一部之外，其他都已失传。7 世纪初，一位名叫刘冯的人写了一部中印数学比较史研究的著作。大天文学家、地理学家一行是一名和尚。大约同一时期，至少有四位同名的外国人瞿昙任职于钦天监，他们之中有一位还是一行和尚的死对头，另一位著有一部天文学和星占学专著，现在仍流传于世。

公元 751 年的怛逻斯之战后，中国与伊朗的直接联系中断了，外国的影响变得不再那么明显，但从 13 世纪时所写、现仍存留于世的为数不多的几部数学书来看，印度的影响仍有迹可寻。生活于金（中国北方）的李治和生活于南宋的秦韶九都使用了“0”这个数字，而这是印度人发明的。秦韶九还进一步用“X”代替“4”，而这也是印度人的方法。在他的其他著作中，我们还发现了他求解 N 次方根的方法与希隆相同。与秦氏同时代的杨辉，还曾著书论述魔方、数字等，其来源可能也是外国的。中国人知道几何学，最早可能是在 13 世纪，但由于几何是阿拉伯人在 9 世纪时发明的，而且 13 世纪时中国已经与西方恢复了较为密切的接触，因此，我们很怀疑这是中国人独立的发明。当蒙古征服中国时，伊斯兰教的天文学家们随军同行，一直到明朝时，他们仍是钦天监的成员，尽管他们与中国同事相处并不友善。由此看来，中国和欧洲都受阿拉伯科学的影响，此种影响之所以没有在中国引发一场文艺复兴，部分原因在于两种文化的接触点距离中国文化中心太远，另一方面的原因则在于野蛮的蒙古统治者们任意胡为，环境不适合科学的发展。[33]

从 16 世纪开始，欧洲的影响已经越来越明显。1599 年，利玛窦到达北京，欧洲的数学和天文学引起广泛关注。他的能干的接班人汤若望继续进行其工作。康熙在位期间，在中国宫廷中任职的耶稣会士绘制了第一部近代化的中国地图。1669 年，南怀仁被任命为钦天监官员。尽管 1723 年以后耶稣会的影响逐渐消除，但他们所引进的新科学却为中国的文艺复兴增加了光辉。最近，欧洲的汉学家已经开始赞赏 17 ~ 18 世纪中国学术水平之高，对于这一时期中国学者的考据方法及语音学、考古学等方面的研究感到震惊。此一时期最好的学者同时也是数学家，这并不奇怪。这一新学派的创始人顾炎武本人就熟悉耶稣会士带来的新科学，尽管他反对耶稣会的一般教义。我们只要提及阎若璩、惠士奇、江永、戴震等中国文艺复兴中公认的领袖人物，同时又是精于数学和天文学的人物，我们就会意识到，就像公元前 4 至公元前 3 世纪时一样，17 ~ 18 世纪的著名学者受到了外来新知识的启发，至少部分原因是如此。

由此，我们可以看到，在文化方面，中国始终不断受到邻国的启发和补充。在此过程中，她总是想方设法同化这些外来的成分并以自己的方式对之加以发展。如果不能同化，则一般放弃。铸造青铜器的方法肯定不是中国人自己发明的，但青铜艺术的动机则基本上是中国自己的。周人引进了星期制，但两百多年以后，星期制就被淘汰。木星周期计时制的命运也是如此。汉朝人引进了玻璃，但从不自己制造。相反，外来的东西启发他们把釉施加到陶器上，从而发明陶瓷。佛教征服中国看起来很彻底，但禅宗完全是中国化的产物，后来道家窃取其仪式，新儒家窃取其哲学。毋庸置疑，中国数学和天文学的绝大部分都来自外国，但是，它们都被进一步改造、发展，以至于难以觉察出其真正来源。来到中国的外国人，不管是佛教徒还是伊斯兰教徒，一般都被同化，甚至耶稣会士也无法逃避这样的命运。任何人只要读一读汤若望和南怀仁留下的官方档案，看一看郎世宁的画作，都很难意识到他们是外国人。正是此种同化力和适应力使得中国文明的发展进程充满活力，与美索不达米亚和埃及文明有着极大不同。

即使从上述简单的线索中，我们也可清楚地看出，中国文明是4000年以来文化努力累积的产物，其生长当然是缓慢的，且不止一次被打断，但她从来没有丧失其生命力，而且从总体上说，比其他地方，譬如说近代欧洲的进化，更具连续性。此外，虽然中国大多数时间里都与比自己优秀或与自己平等的文化相互隔绝，但是，一旦能够保证足够长时间的直接接触，她会尽取外国文化中值得学习的优秀成分，而且一旦学到手之后，她总会在这些新的文化成分之上打上自己创造力的烙印。那些无知的传教士和商人所发出的有关中国人极端顽固保守、退步的指责，是毫无根据的。也让她那些近年来抑郁的子孙们，从古代东方寻找想象力的智慧，从历史中获取些微教训，沿着其最优秀的祖先们的足迹，勇敢地迈向自由的新路，最终寻出一条挽救民族的道路，不仅从政治上加入到国际大家庭，而且也要从文化上加入到国际大家庭之中，因为适应工业文明所造成的这种新的难以驾驭的文明，是我们民族自救的唯一道路。

让我们同时谨记，文化是人类共同的财产。确实，现代工业文明是在欧洲发展起来的，但是，如果没有先前几个世纪的文化资本，它是绝不可能发展起来的，而此种文化资本是欧亚大陆的共同财产，中国也在其中贡献了自己尊贵的一份。促成工业革命的那些科学发现，若不是各个相互竞争的大国之间有着长期的社会和平——此种和平是殖民的结果，殖民不仅缓解了人口压力，而且使清教徒之类的不满分子找到一个避居地——是根本不可能实现的。此外，现代大规模的工业，若没有卡尔·马克思所说的来自殖民地和外贸的“原始资本”，绝不可能有如此之快的发展。因此，从某种意义上说，那些放弃了多年积累起来的黄金、白银的阿兹特克人和印加人，被（欧洲殖民者）灭绝从而给这些殖民者腾出地方的北美人，在种植园中劳作的黑人奴隶，以及与欧洲人交易的亚洲各国人民，都做出了自己的贡献，因而与欧洲无产阶级有同等权利要求获得工业文化的利益。本世纪（20世纪）头十年，把一切文化进步都归功于“北方种族”曾经一度十分时髦。这直接导致了第一次世界大战的发生。目前，西方人已经意识到自己的过错从而不再因自我优越感而受折磨。让我们也放弃我们的优越感，不以虚假的傲气，而是以平静的自信，直面现实的新环境，使我们自己适应所向披靡的工业文明所造成的环境。这不仅是我们的责任，同时也是我们无可争议的权利。

注释：

①顾颉刚：《古史辨》，上、下册，1912–1914年；桥本增吉：《书经之研究》，载《东洋学报》卷二至卷四，1912 ~ 1914年。

②顾颉刚：《古史辨》；内藤湖南：《尚书稽疑》，载《支那学》卷一七号；内藤湖南：《禹贡制作的时代》；小川琢治：《支那历史地理研究》，第一册，1928年，第67页等。

③梁启超：《清华学校讲义》；王国维：《说商颂》；傅斯年：《周颂说附论鲁南两地与诗书之来源》，载《历史语言所集刊》第一本第一分，1928年。

④王国维：《殷卜辞所见先公先王考》。

⑤同上。

⑥李济：《殷商陶器初论》，载《安阳发掘报告》，第一册，1928年；《小屯与仰韶》，载《安阳发掘报告》第二册，1930年。

⑦ J.G.Anderson: An Early Chinese Culture, *Bulletin of Geological Survey of China*, No.5, 1923; Preliminary Report on Archaeological Research in Kansu, *Mem. Geol. Survey, China*, Ser.A., No.3, 1925; The Cave Deposit at Sha Kuo-Tun in Fengtien, *Palaeontologia Sinica*, Ser. D., Vol.1, Fasc.I, 1923；滨田耕作等：《貔子窝，南满洲碧流河河畔的先史时代遗迹》，载《东方考古学丛刊》，第一册。

⑧原文为623年。据核当为624年。本原文类似情况较多，在编辑过程中，为保持原貌，同时提供相应参考，均作此标记与处理。——编者注

⑨《文献通考》卷一至卷七。

⑩《文献通考》卷二十七至三十九；王国维：《汉魏博士考》。

⑪罗振玉：《俑庐日札》，载《国粹学报》，第二号；滨田耕作：《支那古代ノ贝货ニ就イテ》，载《东洋学报》卷二。

⑫王国维：《释币》。

⑬梁启超：《中国古代币材考》；吉田虎雄：《先秦的货币ノ贝货ニ就テ》，载《东亚经济研究十五周年纪念号》，1930年；徐中舒：《耒耜考》，载《中央研究院历史语言研究所集刊》，第二本第一分，1930年。

⑭《文献通考》卷八至九；加藤繁：《唐宋时ニ於ケル金银ノ研究》，载《东洋文库论丛》，第一、二卷，1925年。T.F.Carter: *The Invention of Printing in China*, Columbia University Press, 1925, Chap. Ⅱ.

⑮王国维：《简牍检署考》；T. F. Carter: *The Invention of Printing in China.*

⑯ B. Lauffer: *The Beginning of Porcelain in China*, Chicago, 1917.

⑰ R. L. Hobson and A. L. Hetherington: *The Art of the Chinese Potter.*

⑱李济:《西阴村史前的遗存》,清华学校研究院丛书第三种,第22页。

⑲徐中舒：《耒耜考》。

⑳ Boule, Breuil, Licent et Teilhard: Le Paléokitique de la Chine, *Archive de l' Institut de la Paléontologie Humanine* No. 4; Teilhard and Yang: Preliminary Observations on the Pre-loessic and Post-Pontian Formation in W.Shensi, *Mem. Geol. Surv. China*, Ser. A. No. 8, 1930.

㉑ I. J. Arne: Painted Stone Age Pottery from the Provinces of Honan, *China, Pal. Sin.* Ser. D., Vol. I, Fasc. 2, 1925.

㉒ H. Rydh: Symbolism in Mortuary Ceramics, *Bulletin of the Museum of Far Eastern Antiquities*, No. I, 1929; B. Karlgren: Some Fecundity Symbols in Ancient China, *Bull. of the Mus. Far Eastern Ant.*, No. Ⅱ, 1930.

㉓ Mr. C. Bishop 私人来信。

㉔李济：《殷商陶器初论》；罗振玉：《殷虚古器物图录》。

㉕王国维：《殷周制度考》。

㉖王国维：《生霸死霸考》。

㉗ J. G. Anderson: Der Veg über die Steppen, *Bull. Mus. Far East. Ant.*, No.I, 1929.

㉘ J. G. Anderson 的私人来信。

㉙ Ginzel: *Handbuch der Mathematischen Chronologie*; 新城新藏:《东洋天文学史研究》，东京，1929年；饭岛忠夫：《支那古代史论》，载《东洋文库论丛》，东京，1925年；板本增吉：《书经之研究》；刘朝阳：《从天文历法推测尧典之编成年代》，载《燕京学报》第七期，1930年。

㉚小川琢治：见《支那历史地理研究》，上下卷；B. Laufer: *Ethnographische Sagen der Chinesen*, Festschrift für kuhn: H. Maspero: *La Chine Antique*–Last Chapter.

㉛ B. Laufer: Sino-Iranica.；小川琢治：《支那历史地理研究》。

㉜平山清次：见小川琢治,《支那历史地理研究》,第二册,第576页。

㉝钱宝琮：《中国数学史》；三上义夫：《Loria博士ノ支那数学论》，载《东洋学报》卷十二，1922年。

（摘自陈衡哲主编《中国文化论集——1930年代中国知识分子对中国文化的认识与想象》，福建教育出版社，2009年1月版）

Religions and Philosophies on the History of China

中国历史上的宗教与哲学（节选）

■ 胡适

据说中国人在文明民族中是最不信宗教的，中国哲学最不受宗教影响的支配。从历史的观点来看，以上这两种评论并非都符合实际。历史研究将使我们确信，中国人能够具有高尚的宗教感情。在历史上的某些时期，中国人狂热地信教，许多和尚尼姑甘愿自焚以作为向诸佛贡献的最高牺牲。中国哲学总是受不同历史阶段宗教发展的支配，因此，中国思想史不与中国宗教史一起研究就无法正确加以理解。如果说我们当今的人们不像世界其他民族那样宗教化，那是因为我们的思想家，我们的伏尔泰们和我们的赫胥黎们很久以前就同宗教势力进行了艰苦的斗争。如果中国迄今未能实现真正的人文主义文明，那只是因为中国思想的理性主义和人文主义倾向已经不止一次地受挫于强大的宗教力量。

在下面的段落中，我将尽力对中国宗教和哲学之间的互动关系作一简要的历史概述。

一

在整个中国历史上，有两大宗教起着非常重要的作用。一种是佛教，可能是公元前传到中国，但是只是在公元3世纪之后才开始产生全国性的影响。另一大宗教一直没有统一的名称，但是我建议将之称作中国教（Siniticism）。它是中国人民的本土宗教。它上溯到太古时代，包括所有的诸如墨家、儒家（作为一个国家宗教）发展后期阶段、道家的所有不同阶段。中国教与中国之关系犹如印度教与印度之关系。在其发展的后期阶段，它从佛教吸收了许多成分，但是它的基本思想和信仰仍起源于古代中国的原始信条。

佛教传入中国在中国哲学史以及中国宗教史上都是最重要的里程碑。在此之前，中国思想不得不对付古代中国的宗教影响，但是整个帝国到处都能感觉到佛教之后，中国思想不得不面对双重难题，即吸收一种外来的宗教和哲学体系并自我调整以适应迅速变化、部分印度化的中国宗教所面临的危险及所提出的要求。

为方便起见，我们可以把中国思想史分为三大阶段。第一个阶段可以称之为中国文化时代，于公元 4 世纪因佛教的优势而结束。第二个阶段是佛教时代，从公元 300 年至 1000 年，长达 8 个世纪。第三个阶段可以称之为中国文艺复兴时代，开始于 11 世纪世俗的新儒家思想的兴起，一直延续到我们的时代。

古代中国的文明本质上是商、周两朝文化的结合。繁荣于公元前第二个千年的商朝的政治文化中心在当今的河南及其周围地区，其领土和影响一直向东延伸到海，其文化可以称之为东方文化。周朝的人民来自西部，渐渐地向东迁移，最后到公元前 12 世纪末征服了商。直到公元前 771 年被夷狄占领和劫掠之前，它的政治首都一直在陕西西部。商、周东西文化的相互融合形成了古代中国的文明。

我们称之为中国宗教的东西是商、周文化结合的产物。从河南安阳发现大量精心雕刻了象形文字的甲骨上，我们可以推断出，商朝的人民对已故祖先的崇拜是虔诚的，他们显然不崇拜上帝。他们相信占卜，从狩猎到战争，国家的每一项重要活动，都是通过解释龟骨上烧过的裂纹中的神谕来作决定。正是从商人开始，对祖先的崇拜和信仰占卜就成为中国宗教不可或缺的部分。

由于周朝人的向东迁移，一股新的宗教势力随之而来，这股势力几乎是一神化的。由这个民族留下的许多歌曲和抒情诗中，我们可以看到，他们崇拜一个上帝或者昊天（八月上帝），他是万能的，能洞察一切，会奖善惩恶。当周人占领东部王朝时，入侵者的宗教就凌驾于东部被征服民族的较为古老的宗教之上。两股潮流渐渐地同化为一种全国性的宗教，既承认一个上帝，同时也接受一般的祖先崇拜。在上帝和祖先之间，有较小的自然力量之神——日神、月神、山神和河神——和那些取得巨大成就因而被神化的祖先。新部族的部族神也被请进了商周民族宗教的万神殿。

占卜仍非常流行。但是其技法发生了许多变化。周朝引进了一个新办法，它不再使用原来的解读甲骨烧灼后的裂纹的办法，而改用一定数目并按一定顺序排列的卦签。卦签的摆放或计算均是预先就已确定。此类占卜书籍最著名的是《易经》，它在以后的岁月里逐渐被接纳为古代中国的经书之一。

占卜在中国文明史上的地位怎么估计都不为过。就我们所知，中国最早的文字是刻在甲骨上的，记录了占卜的题目、日期和对神谕的解释。这就是文字、年代学、历史和文学的开始。这也标志着文学教育和知识阶层的开始。由于占卜和崇拜极其重要，而破解甲骨上的神秘符号和掌握象形文字艺术相当困难，这就使得接受过专门训练来履行这样职责的一个阶层应运而生。这些就是巫觋，上帝的使者，凡人的导师。最近对安阳的系统发掘表明，为便于保存，商朝的甲骨是经过仔细编号、收藏的。神职人员是知识的监护者。自然，太史公之职也就总是和国家神职联系在一起。而且，由于占星术很早就成为占卜学的一部分，神职人员是上天秘密的第一读者，是历法的维护者和改革者，是天文学的奠基者。他们是最初的科学家和最初的哲学家。占卜的目的是指导国家行动和人类行为，就此而言，他们也是最初的道德哲学家，他们试图理解上帝的旨意，以便给人们劝诫和指导。

这就是我所称之为中国教的东西的最基本的要素。古代中国的宗教包括以下要素：（1）崇拜上帝；（2）崇拜亡魂；（3）崇拜自然力量（其中，天有可能被分离出来并成为上帝）；（4）相信善有善报，恶有恶报；（5）普遍相信各种形式的占卜功效。

二

公元前 771 年西周灭亡，首都迁往河南洛阳。从此，新的王朝只是先前帝国的影子。一些大的诸侯国在政治上崭露头角，中国进入了列国并立、诸侯争霸时期，各诸侯国竞相培植其政治优势、扩张领土和繁荣经济。旧的秩序，包括社会的和政治的，正在崩溃，教育不再限于少数有特权的人。由此导致的战争变迁和痛苦使许多人开始思考，一代诗人应运而生，他们发出批评和抗议之声。许多这样的诗被保存在《诗经》中。古代宗教不再能满足受苦人的情感和渴望。于是，一些软弱的人可能听天由命：

已焉哉！
天实为之。
谓之何哉？

但是，也有另一些人则开始怀疑上帝的智慧和仁慈。因此有一首诗这样唱道：

民今方殆，
视天梦梦。
既克有定，
靡人弗胜。
有皇上帝，
伊谁云憎？

另一个诗人的感情则更激烈，他这样抱怨道：

浩浩昊天，不骏其德。
降丧饥馑，斩伐四国。
昊天疾威，弗虑弗图。
舍彼有罪，既伏其辜。
若此无罪，沦胥以铺！

诗人的时代是开始于公元前 6 世纪后半叶的哲学家时代的前兆。事实上，我们甚至可以说，是诗人造就了哲学家。因为到公元前 6 世纪，《诗经》已经成为各地最受欢迎的书籍。它是文学教育和礼仪的教科书。君主、贵族和武士们每次聚会必须演唱其中的歌。当时人的对话中也引用它。孔子有一次告诉自己的儿子："小子何莫学夫诗？诗，可以兴。"这部三百首诗的诗集包括情诗、说教诗、宗教圣歌和民歌，它对古代中国之重要性，犹如荷马和海希奥德对古希腊之重要性。它教人们如何说话唱歌，它更教人们如何思考。因为它在包含许多对宗教充满高度热情和热爱的诗篇的同时，也包括许多其他的诗篇，例如上文所引，表现出对从前的宗教信仰的重大怀疑，或者公开批评当时的社会和政治秩序。因此在这些诗歌教导下成长起来的一代，注定会看到可正确称之为中国启蒙运动的运动的崛起。

在前后不到 200 年（大约前 570 ~ 前 420）的简短时间里，老子、孔子和墨子三位大师相继诞生，奠定了以后几个世纪中国哲学基础。他们三人只有在他们各自与摇摇欲坠的中国教的关系以及与他们那个时代的批判和多疑的氛围的关系中才能得到充分的理解。大体而言，老子对旧宗教的态度是极左的；孔子居中但是有强烈的左派意识；墨翟，墨家的创始人，代表保守的右派。老子是宗教的叛逆者和哲学的革命者；孔子是人文主义者和不可知论者；墨子是宗教领导人，他试图通过净化和赋予新的意义来拯救旧的中国教。

老子是当时怀疑和反抗潮流的最杰出代表。他说："天地不仁，以万物为刍狗。"他厌恶拟人的和目的论的上帝观念，并试图用道（即方法或途径）来取代它。这是人类思想史上的一大发现，但是在他那个时代太先进，所以他描述起来极其困难。他说："有物混成，先天地生，寂兮寥兮；独立而不改，周行而不殆，可以为天下母。吾不知其名，强字之曰道，强为之名曰大。"老子认为，"道"是一个自然过程，"自然的"在汉语中字面意思是"本身如此"。万物之成都是自然的：没有必要预设一个计划、一个目的或者一个原动力。老子说："道常无为而无不为。"

老子的虚无主义哲学的所有其他方面都从这一宇宙论的自然主义中得到了充分发展。自然的就是理想的。最好的统治就是最少的统治，理想的社会是一个最接近自然状态的社会，在其中占支配地位的是未经修饰的纯朴和天生的纯真。“天下皆知美之为美，斯恶已；皆知善之为善，斯不善已。”他想回到一个没有名字，没有言辞，没有语言文学，没有知识没有文明的世界。“虚其心，实其腹。”

孔子（前551～前478［前479］）与老子同时代而年纪稍轻，无法完全接受这种消极的破坏性的哲学。但是从各种可能情况来看，孔子受到这位年长哲学家的宇宙自然主义观念的极大影响。他把不干涉视作统治的理想，就是明显的证据。但是他是一个积极上进的人，并不满足于虚无主义哲学。他是一个有历史头脑的人，意识到不可能返回到自然状态。他有志于把混乱的世界扶正。“鸟兽不可与同群，吾非斯人之徒与而谁与？”当一个弟子问他关于死和对神灵的恰当责任时，孔子只是说：“未知生，焉知死？”“未能事人，焉能事鬼？”他的立场就是一个不可知论者的立场。“知之为知之，不知为不知，是知也。”这就是他的不可知论的惯用语句。

但是，孔子是一个务实的教育家和政治家，他不愿意反对先辈和同胞们的宗教。他总是虔诚地遵守其民族的宗教仪式。当人们举行被叫作傩的宗教节日活动时，人们会看到，孔子身穿朝服，虔诚地站在那里观看。在《论语》中制定了这么一个规则：“祭如在，祭神如神在。”这种哲学似乎不是伪善的，而是实实在在的宗教经验的健康心理体验。正如其弟子所描述的那样，“使天下之人齐明盛服，以承祭祀。洋洋乎！如在其上，如在其左右”。这就是虔诚的心理。

孔子及其学派发展了一种宿命论，其根源可能是对古老占卜的信仰，也可能是宇宙自然主义观念的必然结果。“生死有命，富贵在天。”这就是孔子的一个弟子如何表述宿命论思想的。当孔子得知有人阴谋反对他的一名弟子时，他说：“道之将行也與，命也；道之将废也與，命也！”这里使用的表示“命运”的汉字是“命”，其字面意思是命令或者注定，以后逐渐变成给每个人“安排好的东西”的意思。这种宿命论的观点，尽管本身宗教意味十足，但对旧的相信向上帝祈福避祸的观念却不一定有利。相信宿命论的人将甘心接受命运，不会为上帝的快乐与烦恼而自寻烦恼。孔子说：“君子不忧不惧。”“内省不疚，夫何忧何惧？”

孔子出生于一个商朝王室直系后裔的家庭。极有可能他家里仍保留着比一般人家中更加纯正的古代商朝的祖先崇拜仪式。不管怎样，孔子是一个不可知论者，同时也是一个新宗教的导师，这个宗教不是以对诸神或上帝的崇拜为基础，而是以孝道为中心思想。孝道观念似源于祖先崇拜，但由儒家发展的这种新宗教里，祖先崇拜只是变成了孝道的必修课。所以这种新宗教不仅仅是古老的祖先崇拜的复活，而是一种新的解释，此种新解释几乎是一种新的创造。

孝道的信仰集中在这样一种思想上，即：个人的身体是从父母那里遗传而得并且必须始终如此看待：“孝有三。”孔子弟子之一，新宗教的最大的代表者曾子说道：“大孝尊亲，其次弗辱，其下能养。”“身也者，父母之遗体也。行父母之遗体，敢不敬乎？居处不庄，非孝也，事君不忠，非孝也，莅官不敬，非孝也，朋友不信，非孝也，战阵无勇，非孝也。五者不遂，灾及于亲，敢不敬乎？”

有鉴于此，新宗教试图抛开上帝而建立一种新的道德约束力。始终念念不忘决不让父母的遗传丢脸，这种思虑被认为是足以从道德上约束人类行为。“一举足不敢忘父母，一出言不敢忘父母。”于是在有神论的宗教中父母取代了上帝或诸神。

现在这种新的儒教运动，尽管与老子的具有破坏性的虚无主义相比较显得温顺而又适度，但当时的宗教领袖们却是用不赞成和怀疑的眼光来看待的。在虔诚的人们眼中，儒教运动不仅是不可知论的，而且坦白地说是不信神的。他们认为，接受宿命论并将道德约束力由诸神转换成父母，这是危险的，实在是在破坏古代中国的宗教基础。面对如此重大危险，旧宗教被迫保卫自己的生存。

于是墨翟（约前 490 ~ 前 415），伟大的宗教领袖和宗教改革者应运而生。他公开谴责儒家是“无神论者”，他们否认鬼神的存在，然而却郑重其事地实行所有的祖先崇拜仪式！“是犹无鱼而为鱼罟也”，他强烈抨击儒者对宿命论的信仰，并试图极力证明其谬误性。他还尝试从逻辑上证实鬼神确实存在。

但是他本质上是一个只相信唯一上帝的人，相信这个上帝用无限的爱来想着、感觉着、俯视着这个人类世界。上帝的意愿就是“兼爱”、“无私”。这是对中国宗教史的最大的贡献。他试图净化旧宗教并赋之以新的含义，即他在“兼爱”的思想中所找到的意义。

从“兼爱”这个中心学说出发，墨翟发展了其宗教即后来以墨家著称于世的宗教的所有其他方面。上帝即爱，所以我们必须反对诸侯国之间的战争。他反对战争的说教构成了他著作中最动人的部分。他的“非攻”论和“兼爱”思想使他跋山涉水，历尽艰辛，以便说服各交战的诸侯国停止敌对，实现和平。他和他的追随者出于对人类伟大的爱，倡导并厉行节欲。墨家宗教的最严厉的批评家孟子也禁不住说墨翟“摩顶放踵，利天下为之”。

为辩护有神论的主张而反对当代激进的和不可知论的思想家，墨翟不得不采取辩论术。他发明了三重论证法，要求所有的推理必须接受三个标准的检测：第一，必须有古代圣人的权威。第二，必须与普通人的共同经历一致。最后，必须通过实际效用的检验。借助于这种逻辑方法，他最终证明鬼确实存在，并证明没有诸如命运之类的东西。这就是中国逻辑学的开始。诚然，正如约翰·杜威很久以前所指出的那样，逻辑学总是作为捍卫面临被推翻危险的信念的工具而诞生的。

（摘自陈衡哲主编《中国文化论集——1930 年代中国知识分子对中国文化的认识与想象》，福建教育出版社，2009 年 1 月版）

Civilizations: Communications and Collisions

文明：交流与碰撞

刘苏里

我希望用一种新的方式，跟各位聊聊有关文明的故事。这种新的方式暂时还不能命名。它有点类似“炉边谈话”，有叙述，有评点，甚至自言自语。

开始之前，我做几点申明，以便和各位协调“谈话”节奏，减少阅读中的歧义。第一，文中涉及的书籍，有新（近两年）有旧（两年以上），为什么这样，第二点有说明；第二，它们之间没有明显的逻辑排序，但第二本受到第一本的启发，第三本受到第二本的启发……以此类推；第三，我理解的“文明”概念，是广义的，而不是狭义的，换句话说，包括了人类演进过程中几乎所有的方面，时间跨度超过一万年；第四，因为第二点，各位或感觉笔者跳来跳去，所选书籍之间没什么逻辑，在此我先表示歉意！

某种意义上，这是一次带有“剧透”性质的写作。“剧透”了什么呢？就是笔者的一次主题阅读，是怎么开始的，怎么推进的，怎么结束的。其实，开始和结束都是随机的（因为这样的主题阅读，永远不可能有结束），但如上面第二点申明的，推进或可寻到些逻辑轨迹，也仅此而已。

一

“文明”这个话题，严格说，最近几年才引起重视，热度随时间愈加升温。这样说是有根据的。第一，它开始成为意识者的自觉；第二，书籍出版数量完全可用“海量”描述；第三，涉及的人群迅猛增加。简单说，出版物和阅读人数海量且有自觉。

以上三个特征或表现，非常值得重视。远的不说了。各位还记得，20多年前，24卷本威尔·杜兰的《世界文明史》出版，轰动一时。再早10多年，以人类文明演进为叙述主线的汤因比《历史研究》（上卷1959首版）以三卷本形式出版（1986），洛阳纸贵。但作为话题的“文明”，远没进入到一个广泛阅读人群的视野。汤因比和杜兰受到热捧，在我看来，就是一般的消费和阅读（包括研究）行为。跟今天阅读人群关注麦克法兰（代表作《现代世界的诞生》《英国个人主义的起源》），费舍尔（代表作《阿尔比恩的种子》），柯克（代表作《美国秩序的根基》），李峰（代表作《西周的灭亡》），刘莉、陈星灿（代表作《中国考古学》）……已经完全不是一回事。

斗转星移，二三十年过去，阅读人群面对的已经是一个非常不一样的世界，因而世界观也在发生剧烈的、巨大的修正和改变。重新认识和构造人类文明的历史，是所有修正和改变的最重要的向度，而阅读，是便捷有效的渠道之一。

今天的中国人，历史上第一次跟外部世界有如此紧密的接触和联系，据说2018年，出境国人达到空前的1.5亿人次。要者，跟外部世界的接触和联系是全方位的，人们能想到的所有方面，甚至有出境从军者。海量的“我”，主动被动地遇到了海量的“他”，对“我”和“他”的认知，不仅是当务之急，更有深层的心理需求。尤其当接触和联系伴随无可避免的冲突时，了解乃至理解“他”，从而确认“我”是谁，“我”怎样跟“他”交往，便显得愈发紧迫。

思考和谈论“文明”话题，不可阻挡地被提上了巨量人群的日程表。今天跟各位的“炉边谈话”，正是这个进程的一部分。

二

1. 我们从《杀戮与文化：强权兴起的决定性战役》（社会科学文献出版社，2016）开始。

作者汉森是古典学教授，却又精通军事史学。这不奇怪。西方古典学，不只关注有影响的观念，尤其关注重大政治事件和军事事件。

Carnage这个词翻译为“杀戮”，其包含的“大规模”的意思只好意会了。副标题翻译漏掉了一个关键词，western，改动了一个词landmark的含义，原义应该是“西方强权兴起的标志性战役”。说“标志性”而非“决定性”，是因为汉森所选的battle案例，并不都是西方单方面的胜利，比如著名的坎尼之战，罗马人便输给了迦太基的汉尼拔，越战中“春季攻势”，很难定义谁输谁赢。

我强调这两个词的翻译应该归位，正因为它们是理解汉森全书的关键。

作者序言中第一句话，就对为什么使用“西方”做了解释：“我用‘西方’这一概念来指代源自希腊罗马的古典文明体系。”这一体系“在罗马帝国崩溃过程中”幸存了下来。这句话，像是垂钓者甩出鱼竿，鱼钩落水时传回的声音，渺远而清晰。它对作者将要讲述的故事，划定了边界，给出了方向。是“标志性”而非“决定性”，表明即使西方人输掉了某个战役，读者也还能从中一窥西方人打仗的鲜明特征，作者说的“我的主要目的仍然是去解释西方军事力量的来源”这句话就不难理解了。

书很大，正文10章，加上结束语和后记，接近650页，讲了9个battle案例（第2～10章），一篇导论（第1章）和一个总括（结语）。9个案例，除时间顺序下来，并无其他逻辑联系，也不都是有名的battle，比如高加米拉、特诺奇蒂特兰以及罗克渡口。

时间匆忙的读者，建议先读第1章（西方为何获胜）和结语（西方军事：过去与未来），作者最想让人知道的结论都在里面了。9个案例，算是论证部分，从哪儿读起皆无妨，个个精彩，错过可惜。

既然“西方”是主角儿，又想表达西方人打仗总是赢家这个道理，那么battle的另一方，就都是非西方角色，有迦太基人、波斯人、日本人、越南人……明治维新后，日本人努力“脱亚入欧”，但两颗原子弹扔下来之前，西方人是不把他们当作自己人的。

你可能不怎么赞成作者的结论，但他讲的道理却有听听的价值。一句话，作者认为，西方人对外打仗，本质上是公民（团体）与非公民（团体）的对阵，西方人可能输掉一场 battle，却很少输掉战争。被占领和灭国的例子更是罕见，比较有名的有奥斯曼帝国对东罗马帝国，也称拜占庭帝国的征服。

作者也强调武器的作用，但远非西方人打胜仗的主因。换个说法可能更准确些，正是“主因”，才使得武器技术不断得到改进，加大了胜利的概率，以致到现当代，武器看上去成了 battle 胜负的决定性因素。

那么什么是西方人打胜仗的主因呢？文化。什么文化？以个人（权利）为基础的文化。其精髓是个人（战争中的官兵）享有参与讨论、作出决定，以及对执行进行监督的发言权。当然还有一些配套措施，比如组织方式和战法。换句话说，西方人打仗，经常不是为了君主的荣耀、个人财富的积累，而是为了捍卫作为公民的个人自由。作者的结论听上去有点自恋，甚至夸张，但他确实就是这个意思。

个人以为，这本书带来的最大启发莫过于对武器与 battle 胜负关系的论述。我们经常听到为新武器“发明”的叫好声，声音中掺杂着对武器决定性的期待。汉森讨论这个问题时，举过不止一个例子，说明即使你拥有了同样的武器，至少还有个使用、大规模生产，以及更新换代问题，更别提这些方面背后的动力机制问题了——那些极端冲突中的主角儿，为什么去持续战斗，发明、生产、改进武器？

作者在结语部分，对西方人未来的战争意识和能力，提出了警告。这一点，是阅读时应加以注意的。

汉森的书，是我看到一位朋友推荐，下决心拿起来的。书买来时翻了几十页，一放两年多，这次读，多少有些悔意，读晚了。

2.《杀戮与文化》（为叙述简洁，带副标题的书名只保留主书名，下同）读到第五章时，我暂停下来。什么原因已记不得了，总之，这本书把我引向塞缪尔·亨廷顿《文化的重要作用：价值观如何影响人类进步》和他最具争议的著作《文明的冲突与世界秩序的重建》。这两本书由新华出版社分别在 2001 年和 2002 年出版。

《文化的重要作用》是亨廷顿和劳伦斯·哈里森共同主编的一个文集。该文集产生于 1999 年的一次讨论会。各位读这个集子时，不能忘记它的年份背景。这一年，苏联解体才过去 8 年，两年后发生“9·11”恐袭事件。今天的世界，很大程度上是与这两件事以及此前发生在中国的一件大事有着极其密切的关系。

我还要提醒各位注意本文集的副标题，它把“文化”这个无所不包的概念，限定在了“价值观”范围。同时我想强调，副标题并未准确反映该文集的主旨——原文是 How Values Shape Human Progress, shape 是“塑造”的意思，progress 也不宜简单理解成“进步”，似乎更接近“演进”“进展”。从所选 22 篇文章的观点看，不仅强调文化作用如亨廷顿者，都不认为文化是促进人类“进步”的唯一因素，更有作者提出其他因素，比如制度或自然条件，比文化显得更加重要。编者们把文化限定在价值观层面，又解释了它对人类演进的塑形作用，主题一下子清晰起来，也将由此引发的争议缩到最小程度。

我是在阅读过程中，逐渐意识到这本书跟《杀戮与文化》之间关联性的。汉森的结论是，文化因素支撑了西方军事体系，battle 的输赢，与它须臾不可分离。《文化的重要作用》的作者们尽管意见分歧，但没人否认文化在人类演进中的作用，事实上，除了自然条件，包括制度在内，皆可归入文化范畴。

可文集中的文化却是以观念（价值观）为核心的，用亨廷顿的话说：“我们是从纯主观的角度界定文化含义的，指一个社会中的价值观、态度、信念、取向以及人们普遍持有的见解。”这也是关键词 Culture 后面要加上 Matters 的原因。matter 是个很难转译的词，丹尼尔·汉南在《自由的基因：我们现代世界的由来》中用过，也不是太好翻译。各位先意会它吧。那么，文化中的什么 matters 跟 values 有关呢？主要的作者们认为，是基督教信仰，甚或新教信仰。这不又回到马克斯·韦伯的“新教伦理与资本主义精神”上去了吗？我相信，他们之间有思想的传承关系。但本书作者们，不只在论题的范围上，还在时空的延展上，大大推进了韦伯，还时常用上比较多的方法。这都不稀奇，或是题中之义。

需要多加注意的，一是这本书出版的时间背景，一是它与亨廷顿《文明的冲突与世界秩序的重建》谈论的主题的关系。时间背景前面提过一句，下面我结合亨廷顿“文明冲突论”，谈谈西方人的担忧和关切。

先给各位说个数字。《文明的冲突与世界秩序的重建》，中文版 2002 年、2010 年先后出过两个版本，2010 年版做了修订。手头一下子找不到首版的印次，但截至 2018 年 12 月，修订版总共印了 35 次。印了多少册不知道。

一本学术著作，这个印次如果不是仅见，肯定也是极其罕见的。我相信，它还会继续、不间断地印下去。因为亨廷顿该书谈论的主题显得愈加重要——西方人的担忧和关切，直接影响到了西方的外部世界，尤其是中国。

《文明的冲突与世界秩序的重建》是由一篇文章发展来的，文章发表于 1996 年。1996 年什么年份？西方世界还沉浸在对苏俄冷战胜利的欣喜之中，亨廷顿的弟子福山发表了《历史的终结》；伊斯兰激进派发动的恐袭还在酝酿和预热阶段……总之，西方世界凯歌高奏，前景一片光明。

亨廷顿兜头一盆冷水。文章发表后，迅速蔓延至世界，引起轩然大波，批评声音也是劈头盖脸。为回应批评，亨廷顿把文章扩展成专著，可以说，《文明的冲突与世界秩序的重建》是一本激辩之作，尽管作者落笔并未显出回击的痕迹。

我相信，各位对亨廷顿书中的主要观点了然于胸。下面我谈谈几点看法。

亨廷顿敏锐地感知到了隐藏在西方人心底的忧虑。这里插说一个并不那么有趣的话头。唱衰西方，成了非西方人百年来热火朝天的政治论调，可实际上，真正的主角却是西方人自己。只举一例，一战刚刚结束，德国人斯宾格勒《西方的没落》带着战争还未散去的硝烟，便登上各书店销售榜单。各位知道，去年是一战结束百周年纪念。在斯宾格勒西方衰败论过去一百年后，西方力量的比重究竟怎样了？亨廷顿没有斯宾格勒那么愤懑和萎顿，却多了一层忧虑和警觉——在亨廷顿看来，严重的外部挑战的脚步正在逼近，西方文明处在被威胁之中。主要威胁来自伊斯兰文明和儒教文明（华夏文明）。

亨廷顿对西方发出警告。如果 20 多年前人们以为他的敏感是杞人忧天，甚至有些疯人呓语，那么今天，人们还会这样认为吗？

历史的转折，往往是一连串的事件。2001 年发生的“9·11”恐袭事件，2016 年美国大选中特朗普上台，2018 年 3 月中国召开人大会议以及随后中美开打“贸易战”，同年美国宣布制裁伊朗，博索纳罗当选巴西总统、莫里森就任澳大利亚总理，2019 年英国首相特蕾莎·梅因处理脱欧事务不利下台，鲍里斯·约翰逊强势上位……这些事件的内在逻辑有两条：一是不同制度（文明）加大博弈力度，二是内部力量迅速整合。这一切，都使人们再次想起亨廷顿的“文明冲突论”，惊于他的先见之明。但我想强调，在我们阅读亨廷顿时，把他的文明冲突论浓缩进制度层面加以理解，或许更加现实。

在这个背景下看埃里森《注定一战：中美能避免

修昔底德陷阱吗？》（上海人民出版社，2019），就不免有应景之感。且不说该作举的有些案例，牛头不对马嘴，比如崛起国美国与守成国英国“霸权转移”时没发生战争，守成国美国与崛起国苏俄也没发生战争……对中共执政体制和观念尤其缺少应有的洞见。这里略去不谈。

3. 读亨廷顿，自然把我引到他的两位哈佛同学——布热津斯基和基辛格，都是美国对外政策制定的重要参与人。布氏《大棋局：美国的首要战略地位及其地缘战略》（上海人民出版社，1998）、基辛格《论中国》（中信出版社，2012），从两个维度——美·战略（布氏）、中·历史（基辛格），提供了理解亨廷顿“文明冲突论”的注释。

《论中国》在中国出版，其热闹程度恐怕超过了美国，但多数读解不太着边际，或者说，它没有得到深入研究。基辛格为什么快90岁写这样一本近似“中国通史”（主体部分肯定是现当代了）的书？它像是留给未来美国治国者们的政治遗嘱。各位可能还记得，特朗普上台后不久，坊间传出基辛格跟特朗普见面，向总统进“联俄抗中”大计，一位记者就此还专访过他，各种手法诱他透露俩人谈话的信息，以及他对特朗普的评价。老奸巨猾的基辛格与记者打太极，直到礼貌辞别。这个传言信不信由你，要说基辛格谨慎，我一点都不怀疑，理由都在《论中国》里了。这么说吧，特朗普对外政策大框架，我以为来自亨廷顿和基辛格组合，不论班农、纳瓦罗、莱特希泽等人发挥了多大作用。正是这个原因，我又找来沃尔特·艾萨克森写的基辛格传记《基辛格：大国博弈的背后》（国际文化出版公司，2012），想了解他到底是个怎样的人。

各位差不多猜得到，副标题“大国博弈的背后”是中文版加的，原书就叫《基辛格传》。但这么一加，倒是勾画出了一位战略家的简洁特征。退出政坛的基辛格，长期游走在中美之间，大多数人以为他为了生意，却忘了他战略家的本能。对，就是本能。他出身德国的犹太家庭，很像犹太智术大师。他的很多家人死于纳粹集中营。他说过，“在极权体制下生活过，我知道那是什么滋味”。是美国收留了他。1944年，他加入84步兵师335团G连，参加盟军对德国的最后战役。

在艾萨克森的书中，我知道了基辛格的第一本著作，就是他的博士论文，一搜，还真有中文译本，叫《重建的世界：梅特涅、卡斯尔雷与和平问题，1812—1822》，上海译文出版社2015年出版。这本书中诞生了作者有名的“均势外交”理论。凭借这本书，基辛格跻身美国政界，最后做到国务卿。

《重建的世界》写得华丽而细腻，非常像基辛格本人。梅特涅各位都知道是谁了，奥地利首相，卡斯尔雷是梅特涅同时代的英国外交大臣。俩人的互动，保住了威斯特伐利亚条约以来的欧洲均势传统，顶住了拿破仑战败的混乱局面，从而造就了一个和平时代。

如果我没看错的话，写作《论中国》时，基辛格放弃了坚持半个多世纪的“均势”思想。为什么如此，我只能猜了，跟他对中国执政体制的了解有关。据传，去年年底基辛格访华最后一个晚宴上，他留下这样一句话：“中美关系再也回不到从前了，需要重新定位。”怎么定位？其实在他的《论中国》里，已经有了答案。

巧得很，在我翻阅《重建的世界》时，社科文献出版社推出了慕尼黑大学荣休教授沃尔夫拉姆·希曼的《梅特涅：帝国与世界》，两大卷，正文超过1000页。匆匆浏览关键章节，留下两点很深的印象：一是梅特涅跟俾斯麦的互动，一是他对埃德蒙·伯克的精深理解。进一步谈阅读体会，恐怕得再找时机了。

希曼教授点出梅特涅与伯克的关系，算是匆忙阅读中的意外之“喜”。基辛格对梅特涅青睐有加，而梅特涅是伯克的精神传人，基辛格的思想底色到底怎么回事，各位心里大概有个谱了（坊间多有讥讽基辛格变色龙者）。埃德蒙·伯克是近代保守主义思潮的宗师，激烈抨击“法国大革命”中的暴力，以及对传统的毁弃。

从书架上寻找《大棋局》，却发现了王缉思教授的《大国战略》（中信出版社，2016），购买多时未曾翻阅。其实，我对王教授的研究多有了解，但系统阅读还是首次。他是中国研究美国对外战略和中美关系的一流学者，对中国的国家战略亦有相当精深的思考和阐述，经历也颇丰富（书中有多篇回忆文章）。在反美政治正确以及自傲自大的气氛中，他的研究和声音显得尤为珍贵。比如，他 2010 年就警告“中美结构性矛盾上升，战略较量难以避免”。同年他在接受采访时说，“中美一直在误读对方”。2013 年，王缉思撰写《关于“中美战略互疑”的再思考》，文中的一些判断至今令人回味无穷：“中美互疑主要不是外交问题，而是政治问题”，“中美互疑加深的主要表现是舆论气氛跟过去很不一样”，“中美潜在冲突的焦点是台湾问题”，等等。

他最终回到出发的母校北京大学，从教写书，偶尔在公共场合发声。他的学术活动和政治哲学，据他自己说，来源于对底层民众生计维艰的认知，因而带有强烈的平民主义倾向，也使他综观世界大势时有了可靠的常识感，以及超乎一般知识人的逻辑能力。

20 年前，读过中文首版《大棋局》（上海人民出版社，2007），今次重读（2010 年版），确认了其经典价值，其中的思考方法和视野对我仍有启发。

布氏写这本书时（1997），已从政坛退出（此前任卡特总统的国家安全事务助理），无官一身轻，可以从容思考美国未来的战略定位。布氏的核心思想，继承了麦金德的“世界岛”理论：谁统治了东欧，谁就统治了（欧亚）大陆腹地；谁统治了大陆腹地，谁就统治了世界岛；谁统治了世界岛，谁就统治了世界。鉴于此，布氏认为，美国必须悉心经营欧亚大陆，防止该地区出现对美国构成挑战的大国，或者反美国家联盟。这一理论，本质上是均势理论的变种，成为美国冷战战略的指南，并不让人意外。

布氏的一些“预测”和建议或已过时，比如 2015 年前后，美国将失去世界霸权地位；中国的最优选择，是把美国当作天然盟友；等等。他没基辛格老道。他来自波兰，主要是仇视苏俄而已，这也成为他被人诟病的理由之一。

4. 以上著述，几乎每本都提到古罗马、军事体系、制度、文化和思想，当然，古希腊也是经常被提到的。两希文明是西方文明的源头，已是成说，但从这些著作的作者角度看，古罗马好像更重要。如果抬杠，可以说古罗马是希腊文明的继承者，我个人也认为马其顿王国也是大希腊的一部分，亚里士多德还是亚历山大大帝的老师呢。但古罗马的确跟古希腊有很大区别，比如，古罗马有比古希腊更系统、影响也更深远的法律体系；西方的军事体系，更多源于古罗马，虽然其中有很多古希腊人的创造痕迹；古罗马政制的核心是元老院，它比雅典的类似政治设施更加稳定，发挥的作用更大，这在《罗马元老院与人民：一部古罗马史》（民主与建设出版社，2019）一书中，有极其详细的说明。

这本书的作者玛丽·比尔德，是位女性古典学家。写作上，该书有几个特点：一是最大限度地还原现场；二是还原过程中，对任何作者看来可疑的成说，哪怕是她自己倾向得出的结论，提出质疑；三是历史现场与今天的勾连。这些特点在给阅读带来极大挑战的同时，也带来超级享受。我举个例子，虽不能概括比尔德写作的主要特点，但非常具有代表性。212 年，皇帝卡拉卡拉发布公民权敕令——一次性解决了超过3000万人的罗马公民权问题。这一重大问题，是罗马建城（公元前753年）的基石，但也困扰罗马人将近千年，非罗马人能否获得公民权，一直是罗马内部政治的焦点问题。卡拉卡拉皇帝的决定，引发了后世史家各种各样负面的猜测，因为卡拉卡拉的名声太糟糕了，可与尼禄皇帝一比。卡拉卡拉是在谋杀亲兄弟盖塔后上位的，这一史实让比尔德联想到了罗马建城鼻祖罗慕洛。传说罗慕洛就是通过杀死自己的亲兄弟而独掌罗马建城后大权的。比尔德这种“勾连”描写，很自然地让读者产生联想，隐晦地支持了后世史家对卡拉卡拉“公民权敕令”动机的怀疑。但她笔锋一转，将读者的思绪一下子引到了另一个方向，她说“无论背后隐藏着什么动机，敕令都永远改变了罗马”，因为“罗马的‘公民权计划’历经千年终于完成”。从此以后，“财富、阶级和地位的分界线成了自己人和外人间的新界限”。

这个故事当然对今天的读者多有启发。它的一个当代版本正在美国（西方）上演：移民的资格问题。最新的进展是，特朗普总统坚持的修墙政策，终于得到国会支持，同意拨款25亿。对这个问题，比尔德一定会有自己的看法。然而，她的看法是这样的：在本书第一个自然段，比尔德写的第一句话是：“我们理解世界和思考自身的方式仍然受到罗马的影响。历经2000年，它仍在支撑着西方的文化与政治，是我们写什么和如何看待世界的基础，决定着我们在世界中的位置。”可是，在她用543页讲完罗马故事，在倒数第二页，她是这样说的：“我不再像过去那样天真地认为，我们能直接从罗马人那里……学到很多。”惊诧吧？稍等。惊诧之后还有“惊艳”。本书最后一个自然段，比尔德说了这样一句话，她说：“如果没能认真对待他们（指罗马人），或者终止与他们进行的长期对话，那么我们就会伤害自己。”

这就是比尔德。她有资格来回“拉抽屉”。用她自己的话说，在已经过去的半个世纪，她是跟截止到217年的罗马人“共同度过的”。换句话说，这本书她写了半个世纪。2018年，主要因为她的罗马研究的写作和传播，受封爵士。

比尔德生于1955年，到发表《罗马元老院与人民》，整60岁。她怎么跟罗马人“共同度过”了半个世纪呢？目前唯一能找到的直接线索，是她14岁进入一所女校时，就参加了一次考古挖掘。间接线索是她的母亲是一所学校的校长，父亲是建筑师。她心仪罗马人，恐怕跟家庭背景有关。

这本书主书名被缩写成SPQR（*Senate Populusque Romanus*），可以理解为罗马是由罗马元老院和罗马人民组成的国家，暗示元老院在政治生活中的核心地位，也表示人民的重要性。美国参议院不仅延续了Senate的叫法，而相当于罗马执政官的总统任命的高级官员，也需要参议院批准，更是接续了罗马高级官员出自元老院的惯例。比尔德写作该书，很重要的一个目的，是想表达今天与罗马人对话的意义，同时指出罗马国家存续的合法性基础，正是三方不间断的“对话”。三方是指元老院、执政官和人民。事实上，罗马帝国的解体，也跟“对话”的三方之二——元老院和人民权力的丧失有直接关系。这恐怕是比尔德坚信与罗马人对话，有益于今天的理由所在吧。

鉴于此，今后有机会我还会跟各位继续讨论罗马国家。至少有4部作品值得阅读，它们是罗纳德·塞姆的《罗马革命》、里查德·塔尔博特的《罗马帝国的元老院》、凯尔·哈珀的《罗马的命运》和克里斯·威科姆的《罗马帝国的遗产》。这里先做个预告。

对，比尔德提到了欧洲。立即放下最后两章，找来普莱斯和索恩曼为企鹅欧洲史系列撰写的第一册

《古典欧洲的诞生：从特洛伊到奥古斯丁》（中信出版社，2019）。我试图将罗马史放在更大范围加以理解，毕竟罗马人有意识书写自己的历史，是建城600多年后的事情。这一现象亦适用于中国。孔子“作春秋”，是目前可考的国史一千多年后，而系统写国史的司马迁，又去孔子400年（公元前2世纪）。

《古典欧洲的诞生》原版出版于8年前，却是迄今简体中文翻译最有价值的早期欧洲历史译本。正文30万字（实在不算大），写了公元前18世纪到5世纪2300年的历史，却给了欧洲信史前史将近三分之一的篇幅，远胜于其他欧洲史家。两位史家这样做的目的，是希望把其他史家简略甚至忽略的历史脉络捋得更清晰些，刻得更凿实些，也就是让欧洲诞生过程中的关键节点，显得更可信些，更加“其来有自”。

如此一来，必须大量使用考古学、人类学方法，也因此，前4章就稍难读些，有时甚至考验人的耐心。那些考古材料，怎么都难写成有趣的故事。假如你想了解欧洲的由来，还真不该跳过它们。近年，我个人开始摸索识别考古材料的门径，兴趣未减，读这几章，感觉有特别的收获。作为外行，斗胆说一句，作者们是成功的，至少他们让我对腓尼基文字、黎凡特在地中海文明形成中的作用，特别是特洛伊对欧洲人（历史）的意义，有了比以往清楚很多的认识。

几年前，曾跟一起读书的朋友提起，要注意爱琴海在欧洲文明发生学上的意义，因为那里播下了希腊文明的种子米诺斯文明，犹如希腊文明之于罗马文明。米诺斯文明是经过迈锡尼文明这个秋千，才荡到希腊半岛的，迈锡尼文明在自己生根的伯罗奔尼撒半岛孕育出的后代，一点点向希腊腹地散去，直到阿提卡的雅典，而雅典隔爱琴海与北面安纳托利亚、东面小亚细亚和南面克里特岛相望，完成了米诺斯文明的返乡之旅。这正是该书第一章的主题。

事实上，希腊人是从爱琴海走向地中海的。这片阔大无边的水域，让周边的世界走进希腊，希腊也走了出去。不同文明交往像是板块运动，总要找个出口，爆发积蓄的能量。地理位置固然重要，但天赋异禀乃至运气，爆发点最终出现在希腊半岛，欧洲文明翻开了灿烂的一页。

如此小的篇幅，写出2300年的文明水流，读者只能暗自击掌，我也认为两位作者完成了几乎不可能完成的任务。该书系总共9卷，厚今薄古，第1卷《诞生》只占二十分之一左右篇幅，功夫了得。

三

为本期准备的书目，还有一个“系列”，中外作品各占一半左右，篇幅所限，只好留给下期了。预告一下，中国部分主要集中在三代和秦汉，西方部分主要集中在希腊、罗马之前。

当然，我希望兑现承诺，将有关罗马的几本重要作品介绍给各位。